**Ambiente GmbH** — Erlebniswelt Warenhaus

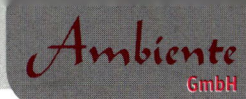

# Handlungsorientierte Arbeitshefte für den Einzelhandel

## Schülerheft Marketing

von Hans Jecht, Sabine Sgonina

## Vorwort

Nach Ihrer Ausbildung in der Berufsschule und Ihrem jetzigen Ausbildungsbetrieb werden Sie als Kaufmann/Kauffrau im Einzelhandel in ein Einzelhandelsunternehmen eintreten. Dort werden in Zukunft folgende Anforderungen an Sie gestellt werden:

### Qualifikationsprofil Kaufmännische Angestellte

Auf die Frage „Worauf kommt es bei Ihrer Arbeit an?", antworteten so viel Prozent der kaufmännischen Angestellten (Mehrfachnennungen):

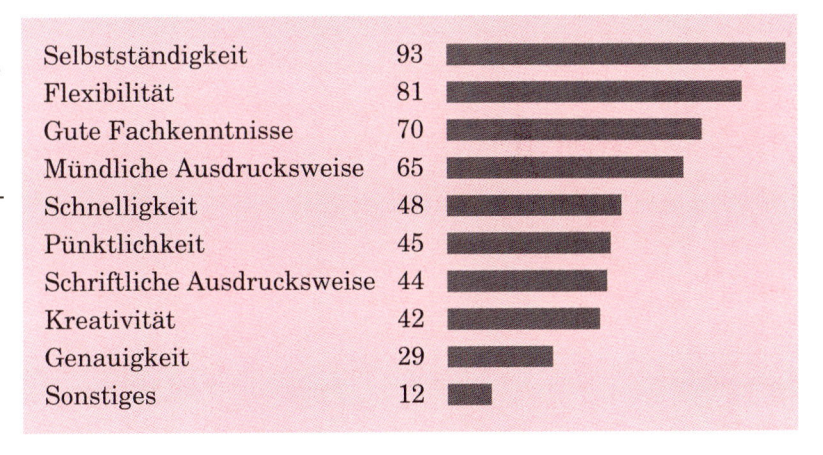

| Merkmal | % |
|---|---|
| Selbstständigkeit | 93 |
| Flexibilität | 81 |
| Gute Fachkenntnisse | 70 |
| Mündliche Ausdrucksweise | 65 |
| Schnelligkeit | 48 |
| Pünktlichkeit | 45 |
| Schriftliche Ausdrucksweise | 44 |
| Kreativität | 42 |
| Genauigkeit | 29 |
| Sonstiges | 12 |

Deutlich wird, dass nicht mehr allein nur Fachkenntnisse (die im Laufe der Zeit durch neue Entwicklungen relativ rasch veralten) von Ihnen erwartet werden. Als immer wichtiger wird die Beherrschung von *Schlüsselqualifikationen* durch Arbeitnehmer angesehen.

### Schlüsselqualifikationen

Schlüsselqualifikationen ermöglichen Ihnen eine *umfassende Handlungsfähigkeit* in Ihrem zukünftigen Beruf. Um die Arbeit in Ihrem späteren Berufsleben selbstständig planen, ausführen und kontrollieren zu können, sollten Sie also bereits in der Berufsausbildung – von konkreten Handlungssituationen ausgehend – die Möglichkeit haben neben Fachkompetenz auch Methoden- und Sozialkompetenz zu erwerben. In diesem Arbeitsheft sollen Ihnen daher nicht nur Inhalte vermittelt werden. Angestrebt wird ein *konsequentes und gezieltes Methodentraining*. Sie werden mit den wichtigsten Lern-, Arbeits-, Gesprächs- und Kooperationstechniken vertraut gemacht. Dies soll Sie in die Lage versetzen, an die mehr oder weniger komplexen Arbeitsaufgaben, die in Ihrer beruflichen Zukunft auf Sie warten, routiniert und kompetent heranzugehen.

Die Arbeit mit diesem Arbeitsheft wird erfolgreich sein, wenn Sie die Bereitschaft mitbringen

- neue Inhalte, aber auch neue Methoden kennen zu lernen und *offen* und vorurteilsfrei an diese heranzugehen,
- die Arbeitsaufträge (gemeinsam mit Ihren Mitschülern und Mitschülerinnen) *selbstständig* zu bearbeiten,
- selber *aktiv* im Unterricht zu *handeln* (statt passiv eine Informationsvermittlung nur durch den Lehrer zu „erdulden").

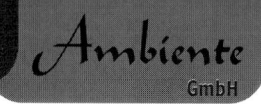

## Schlüsselqualifikationen

| Dimension | I Organisation und Ausführung der Übungsaufgabe | II Kommunikation und Kooperation | III Anwenden von Lerntechniken und geistigen Lerntechniken | IV Selbstständigkeit und Verantwortung | V Belastbarkeit |
|---|---|---|---|---|---|
| Zielbereich | Arbeitsplanung, Arbeitsausführung, Ergebniskontrolle | Verhalten in der Gruppe, Kontakt zu anderen, Teamarbeit | Lernverhalten, Auswerten und Weitergeben von Informationen | Eigen- und Mitverantwortung bei der Arbeit | Psychische und physische Beanspruchung |
| Wesentliche Einzelqualifikationen | Zielstrebigkeit Sorgfalt Genauigkeit Selbststeuerung Selbstbewertung Systematisches Vorgehen Rationelles Arbeiten Organisationsfähigkeit Flexibles Disponieren Koordinationsfähigkeit | Schriftliche und mündliche Ausdrucksfähigkeit Sachlichkeit in der Argumentation Aufgeschlossenheit Kooperationsfähigkeit Einfühlungsvermögen Integrationsfähigkeit Kundengerechtes Verhalten Soziale Verantwortung Fairness | Weiterbildungsbereitschaft Einsatz von Lerntechniken Verstehen und Umsetzen von Zeichnungen und Schaltplänen Analogieschlüsse ziehen können Formallogisches Denken Abstrahieren Vorausschauendes Denken Transferfähigkeit Denken in Systemen, zum Beispiel in Funktionsblöcken Umsetzen von theoretischen Grundlagen in praktisches Handeln Problem lösendes Denken Kreativität | Mitdenken Zuverlässigkeit Disziplin Qualitätsbewusstsein Eigene Meinung vertreten Umsichtiges Handeln Initiative Entscheidungsfähigkeit Selbstkritikfähigkeit Erkennen eigener Grenzen und Defizite Urteilsfähigkeit | Konzentrationsfähigkeit Ausdauer zum Beispiel bei Langzeitaufgaben, wiederkehrenden Aufgaben, Unterforderung und Schwierigkeiten Vigilanz, das heißt Aufmerksamkeit bei abwechslungsarmen Beobachtungstätigkeiten Frustrationstoleranz Umstellungsfähigkeit |

## Die Auswirkung verschiedener Lernstile auf das Behalten:

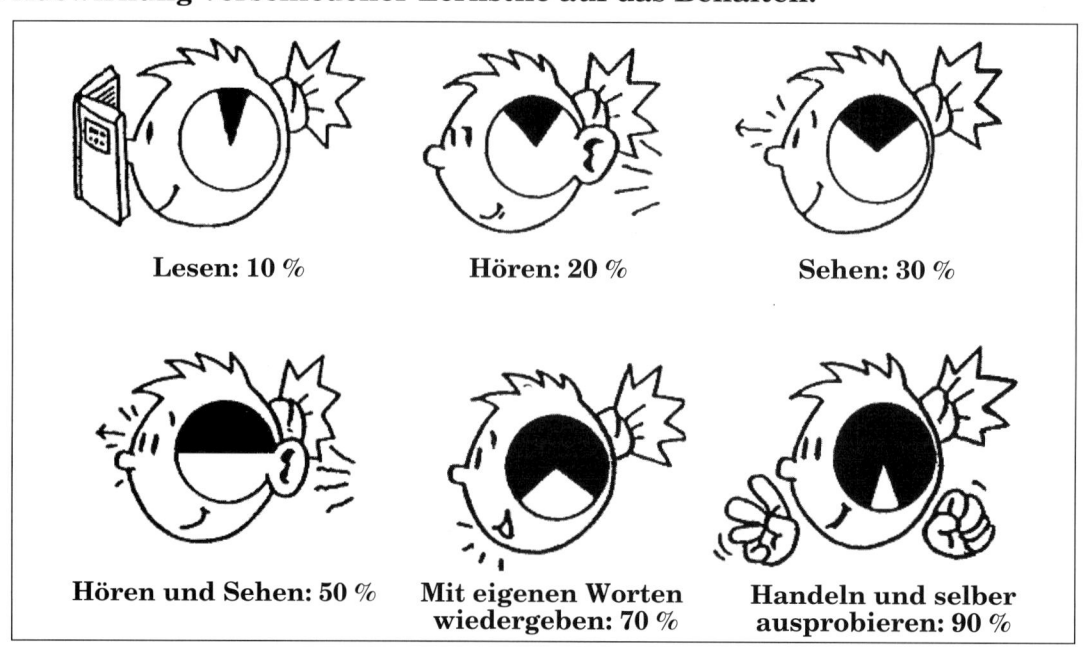

- Lesen: 10 %
- Hören: 20 %
- Sehen: 30 %
- Hören und Sehen: 50 %
- Mit eigenen Worten wiedergeben: 70 %
- Handeln und selber ausprobieren: 90 %

Die Methoden, die bei den jeweiligen Fallsituationen angewendet werden sollten, sind im Heft „Lernen und arbeiten in Ausbildung und Beruf. Methodenheft für den handlungsorientierten Unterricht" anschaulich und umfassend erklärt. Der Verweis auf das Methodenheft erfolgt jeweils mithilfe dieses Symbols: ⇨

# 1 Unternehmensbeschreibung

Das Unternehmen **Ambiente** GmbH ist ein Verbund von ca. 20 Warenhäusern mittlerer Größe, die überwiegend in der City mittelgroßer Städte Norddeutschlands ihren Standort haben. Bereits nach dem Zweiten Weltkrieg wurde das erste Warenhaus in der südniedersächsischen Stadt **Schönstadt** von Arthur Müller gegründet. Später übernahm sein Sohn Leonard Müller das Warenhaus. Mittlerweile ist aus diesem Warenhaus die Zentrale von Ambiente entstanden. Von hier aus werden alle wichtigen Entscheidungen, die das Warenhaus betreffen, getroffen. Die Beschaffung der Ware erfolgt bislang ausschließlich durch die Zentrale, um Kostenvorteile bei der Beschaffung größerer Mengen auszunutzen. Aus diesem Grund bieten alle Warenhäuser von Ambiente ein einheitliches Sortiment an.

Leonard Müller beschäftigt rund 160 Mitarbeiter am Standort Schönstadt. Der Anteil der Auszubildenden beträgt zurzeit 15 %. Das Warenhaus Ambiente ist nach Funktionsbereichen organisiert. Für jeden Funktionsbereich ist ein Abteilungsleiter zuständig. Um einen reibungslosen Ablauf im betrieblichen Geschehen zu gewährleisten, wird mindestens einmal die Woche eine Abteilungsleiterkonferenz einberufen, bei der alle wichtigen Informationen ausgetauscht und Themen von Bedeutung durchgesprochen werden.

Die Funktionsbereiche werden von folgenden Personen geleitet.

- Funktionsbereich Beschaffung: Bernd Schindewolff
- Funktionsbereich Lagerhaltung: Holger Hansen
- Funktionsbereich Verkauf/Absatz: Bärbel Knobbe
- Funktionsbereich Personal: Ines Majchrzak
- Funktionsbereich Rechnungswesen: Martin Freiberg

Für die Auszubildenden ist die Ausbildungsleiterin Therese Arends zuständig. Sie betreut die Auszubildenden aller Ambiente Warenhäuser.

Einmal im Monat wird eine Betriebsversammlung durchgeführt, bei der alle Mitarbeiter die Gelegenheit bekommen neue Ideen vorzuschlagen, Verbesserungsvorschläge zu machen, aber auch aktuelle Probleme anzusprechen. Dadurch herrscht bei Ambiente ein ausgesprochen gutes Betriebsklima.

In Schönstadt existiert neben Ambiente ein weiteres Warenhaus von der Kette Larstadt. Beide Warenhäuser haben ihren Standort in der Fußgängerzone, allerdings in entgegengesetzter Richtung. Die Skizze verdeutlicht Standort und Konkurrenzsituation von Ambiente in Schönstadt.

Nach dem offiziellen Beschluss des Bundestages in Bezug zur Liberalisierung der Ladenöffnungszeiten wurden diese bei Ambiente den neuen Ladenöffnungszeiten bzw. den für Warenhäusern üblichen Zeiten angepasst. So hält Ambiente seine Türen montags bis freitags von 9:00 – 20:00 Uhr und samstags von 9.00 – 16.00 Uhr geöffnet.

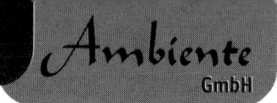

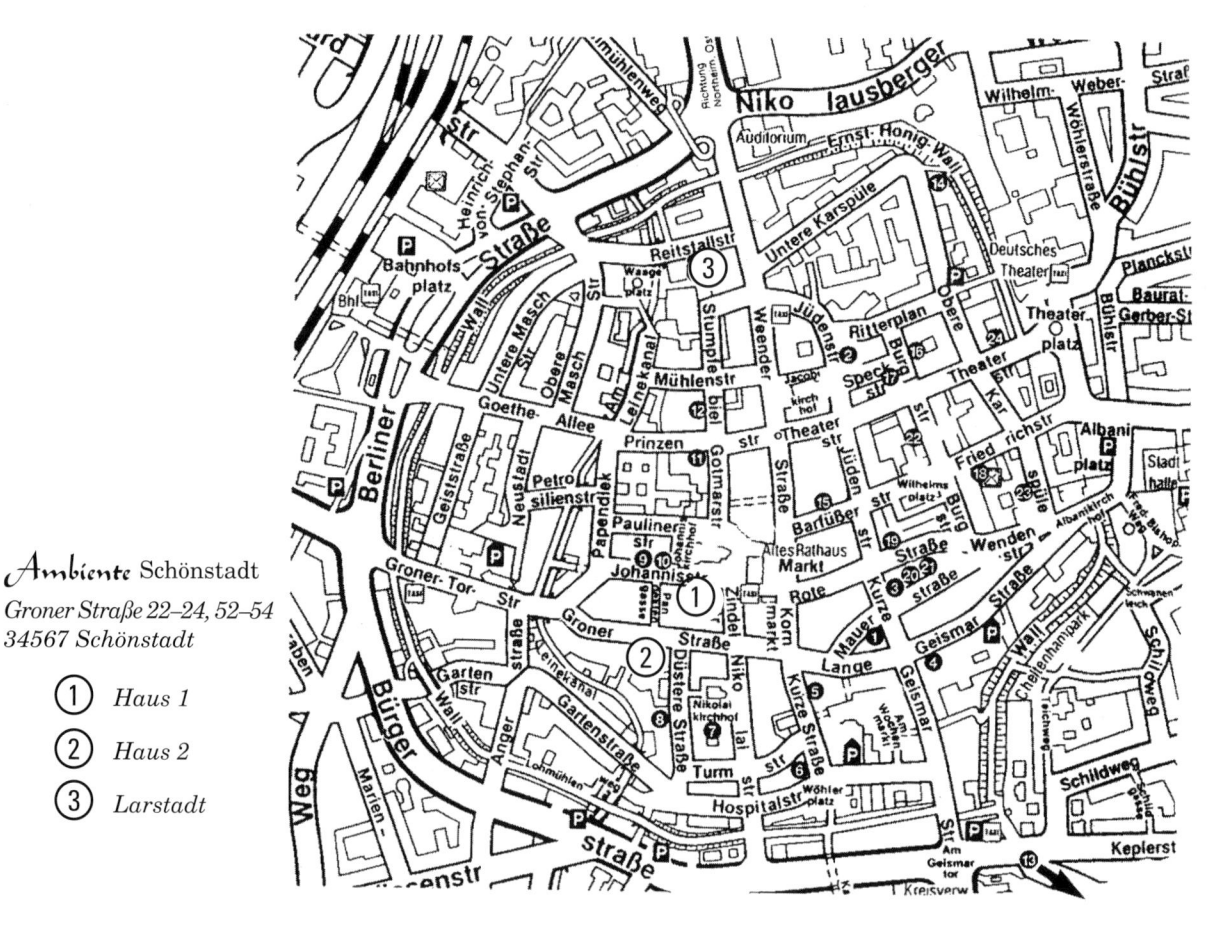

# Unternehmensbeschreibung

**Ambiente GmbH**

*Ambiente* Schönstadt
Groner Straße 22–24, 52–54
34567 Schönstadt

① Haus 1
② Haus 2
③ Larstadt

Das Warenhaus bietet seinen Kunden ein breites und tiefes Sortiment an. Um die gewünschten Waren jederzeit präsent zu halten bzw. eine optimale Belieferung der Verbraucher zu gewährleisten, hat jede Filiale ein eigenes Lager. Durch die Größe des Lagers können gerade die gut laufenden Artikel in größeren Mengen zu günstigen Preisen eingekauft werden, wodurch dem Kunden weitere Vorteile entstehen. Standort I hat neben dem Verkaufslager innerhalb der Verkaufsräume ein Reservelager im Haus integriert, in dem von fast allen Artikeln, die Ambiente in seinem Sortiment anbietet, ein Reservebestand vorrätig ist. Bis vor zwei Jahren sah das Sortiment von Ambiente wie folgt aus:

## Warenbereiche

### Standort 1

- Textil (Herren-, Damen-, Kinderbekleidung, Sportbekleidung, Schuhe)
- Kurzwaren
- Papierwaren
- Haushalt (Groß- und Kleingeräte)
- Unterhaltungselektronik
- Parfüm/Kosmetik
- Foto
- Schmuck
- Bücher/Zeitschriften
- Stoffe/Handarbeit
- Spielwaren
- Lebensmittel
- Computer/Zubehör
- Lampen/Zubehör
- Fahrräder/Zubehör
- Geschenkartikel

### Standort 2

- Möbel

## Dienstleistungen

- Parkplätze
- Änderungsservice für die Abteilung Textil
- Reparaturservice
- Geschenkverpackung
- Garantiegewährung
- Umtausch von Waren
- Imbissecke

# Ambiente GmbH – Unternehmensbeschreibung

**Handlungsorientierte Arbeitshefte für den Einzelhandel**

Die Geschäfte liefen für das Warenhaus über viele Jahre hinweg sehr gut. Vor zwei Jahren stand das Unternehmen trotz der insgesamt befriedigenden Gesamtergebnisse allerdings vor Schwierigkeiten. Rückläufige Umsätze bzw. Gewinne waren in fast allen Warenhäusern von *Ambiente* zu verzeichnen. Die Gründe hierfür waren vielschichtiger Natur. Zunehmende Marktstagnation, Sättigungstendenzen in den angestammten Sortimentsbereichen, rückläufige Bevölkerungsentwicklung und steigende Arbeitslosigkeit sind in diesem Zusammenhang zunächst zu nennen. Die zunehmende Konzentration und Verdrängung im Handel, die neuen Informations- und Kommunikationstechniken sowie das veränderte Konsumentenverhalten, bedingt durch einen Werte- und Lebensstilwandel der Konsumenten, haben die Erfolgsbedingungen für die Warenhäuser ebenfalls verschlechtert.

Leonard Müller beschloss ein neues Konzept für sein Warenhaus zu entwickeln, das auf die veränderten Anforderungen reagieren und *Ambiente* zu einem neuen Profil verhelfen sollte. Hierfür benötigte er Informationen, die Auskunft geben sollten über die genauen Gründe für den Umsatz- und Gewinnrückgang. Zu diesem Zweck beschaffte er sich zunächst verschiedenes Datenmaterial aus Zeitungen, Unternehmensberichten, Statistiken usw. für die Sammlung von externen Gründen für den Umsatz- und Gewinnrückgang. Später wollte er dann noch einen Unternehmensberater beauftragen, der Schwachstellen im eigenen Unternehmen aufdecken sollte.

Chef von Ambiente
Leonard Müller

Leiter Funktionsbereich Rechnungswesen
Martin Freiberg

Leiter Funktionsbereich Beschaffung
Bernd Schindewolff

Ausbildungsleiterin
Therese Arends

Leiter Funktionsbereich Lagerhaltung
Holger Hansen

Auszubildender
Peter Hubig

Leiterin Funktionsbereich Verkauf/Absatz
Bärbel Knobbe

Auszubildende
Nadine Lange

Leiterin Funktionsbereich Personal
Ines Majchrzak

© Winklers Verlag · Gebrüder Grimm · Darmstadt

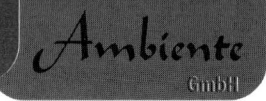

# 2 Fallsituationen

## Fallsituation 1:
### *Einführung in die Probleme des Einzelhandels*

An einem Tag vor zwei Jahren, nachdem sich Leonard Müller umfassend über die Probleme des Einzelhandels informiert hat und zudem umfangreiches Datenmaterial zusammengesammelt hat, beruft er eine Abteilungsleiterkonferenz ein. An dieser Stelle will er die derzeitige Situation schildern und mit seinen Leuten die Gründe für die Probleme suchen. Zu diesem Zweck versammeln sich alle Abteilungsleiter im Büro von Herrn Müller. Nachdem dieser die Situation geschildert hat, bittet er seine Mitarbeiter das Datenmaterial zu studieren und die wichtigen Informationen herauszuarbeiten und zu systematisieren.

**Arbeitsauftrag:**

1. Sie können die folgende Aufgabe mit Ihren Mitschülern wahlweise arbeitsteilig oder arbeitsgleich erledigen. Auf jeden Fall ist Gruppenarbeit an dieser Stelle angebracht. Arbeitsgleiche Gruppenarbeit bedeutet, dass alle Gruppen alle Aufgaben lösen. Arbeitsteilig bedeutet, dass jede Gruppe eine Frage der folgenden Aufgabe beantwortet. Die Ergebnisse werden nach der Gruppenarbeitsphase im Plenum an der Tafel zusammengetragen, verglichen und diskutiert.

2. Erarbeiten Sie in Ihrer Gruppe mithilfe der verschiedenen Quellen die externen Gründe für den Umsatz- und Gewinnrückgang (⇨ *Aktives Lesen* [1]). Eine Antwort auf diese Frage lässt sich unter Berücksichtigung folgender Gesichtspunkte finden:
   - Wer sind die neuen Zielgruppen, die bislang zu wenig berücksichtigt wurden?
   - Welche veränderten Nachfragetrends bzw. welches veränderte Konsumentenverhalten ist zu verzeichnen?
   - Welche sozialen Gesichtspunkte bedingen den Rückgang der Kaufkraft/Kauflust und somit den Umsatz-/Gewinnrückgang im Einzelhandel?
   - Welche wirtschaftlichen Gesichtspunkte tragen zum Rückgang des Konsums und somit der Umsatz- und Gewinnerwartung des Einzelhandels (speziell des Warenhauses) bei?

3. Entwickeln Sie mit Ihrer Gruppe Vorschläge, wie die externen Probleme gelöst werden könnten. Schreiben Sie jede mögliche Lösung auf eine einzelne Karte.

4. Präsentieren Sie mit Ihrer Gruppe anschließend die Lösungsvorschläge den anderen Gruppen (⇨ *Präsentation* [16]).

**Handlungsorientierte Arbeitshefte für den Einzelhandel** — *Ambiente GmbH* — Marketing — Fallsituation 1

# Materialien:

---

**Samstag/Sonntag, 5./6. November**

### THEMEN DES TAGES

## Warenhaus in der Krise

Den Warenhäusern droht eine neue Missmanagement-Debatte. War es ihnen eine Zeitlang gelungen, wieder näher an die früher recht ordentlichen Zuwachsraten des gesamten Einzelhandels heranzukommen, so haben sie in den ersten zehn Monaten dieses Jahres einen herben Rückschlag erlitten. Ihr Nominalumsatz ging um mehr als sechs Prozent zurück. Dagegen haben die Einzelhandelsfachgeschäfte ihren Umsatz von Januar bis September auf dem Niveau der ersten neun Monate des vergangenen Jahres behaupten können.

Auf der Suche nach einer Erklärung für die neuerliche Misere wird so gut wie kein Argumente ausgelassen, das die Akteure entlasten könnte. Da heißt es beispielsweise, bei den Warenhäusern seien Haussen und Baissen traditionel stärker ausgeprägt als im übrigen Einzelhandel. Andere sehen den Grund im strahlenden Sommerwetter, das das Einkaufen in den Innenstädten zur Qual habe werden lassen. Auf diese Weise werden die besonders stark ausgefallenen Umsatzrückgänge im Bereich Textil/Bekleidung auf Faktoren geschoben, die angeblich nicht beeinflussbar sind. Hier und da hört man auch die Meinung, das Beliebtheits-Spitzentrio Reisen, Auto, Wohnen gewinne gerade in jenen Kundenkreisen eine zunehmend größere Bedeutung, die auch das Gros der Warenhauskunden stellten. Die Verwirrung wird komplett, wenn hier davon die Rede ist, die Warenhäuser hätten ihre Sortimente zu sehr den sinkenden Realeinkommen nach unten angepasst, während da gesagt wird, sie seien zu „hochgestochen".

Möglicherweise ist es einfach so, dass der erneut tiefere Griff des Staates in die verfügbaren Einkommen speziell den typischen Warenhauskunden trifft, sodass er schon vorab zur Konsumzurückhaltung neigt? Wie auch immer: Mit besseren Marketingkonzepten wäre der Einbruch sicher nicht so dramatisch ausgefallen.

*Werner Jaspert*

---

# Schwere Zeiten für den Einzelhandel

**Fortsetzung von Seite 1.**

Nach einer Konjunkturfrage der Industrie- und Handelskammer sehen die Einzelhändler mehrheitliche auch schwarz für die Zukunft. Sie begründen das mit der Wiedereinführung des Solidaritatszuschlags und den Abgaben für die Pflegeversicherung, was den Geldbeutel der Verbraucher zusätzlich belaste. Nur vier Prozent (gegenüber 13 Prozent bei der letzten Befragung) bezeichnen die Geschäftslage als gut, 42 (47) nannten sie befriedigend und 54 (40) Prozent und damit erstmals mehr als die Hälfte der Unternehmer erklärten die Situation für schlecht. Auch Experten sind der Meinung, dass das Konjunkturtief für den Einzelhandel noch andauern wird.

In anderen Bereichen sieht die Lage günstiger aus. So im Großhandel, in der Bauwirtschaft und in der Industrie, auch hier in mehr mittelständisch strukturierten Betrieben. Nach Aussage der IHK ließen die Investitionen jedoch auf sich warten, obgleich sich der Aufschwung verbreitere. Die Beschäftigungslage bleibe schlecht, der Aufwärtstrend stütze sich weitgehend auf den Export.

Die mittelständische Wirtschaft, bis hin zur Gastronomie, blickt auch deshalb mit einigem Bangen in die Zukunft, weil Abgaben und Steuern auf breiter Front weiter ansteigen. Auch wenn die Politiker aller Parteien im Wahlkampf das Gegenteil versprochen haben, rechnet der Mittelstand darüber hinaus mit einer Zunahme der Belastungen. „Es bleibt die Hoffnung" so ein mittelständischer Unternehmer, „dass der Staat seine riesigen finanziellen Probleme in den Griff bekommt – und der Aufschwung tatsächlich an Fahrt gewinnt."

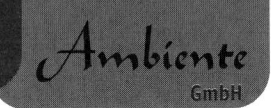

# Schon bald immer weniger Kunden

**Sterben die Deutschen aus?**
Im Jahr 2025 wird es vielleicht nur noch 34 Mio. Deutsche in der Bundesrepublik geben. Mehr Kunden – mehr Umsatz, diese Rechnung gilt so bald nicht mehr. Allein das würde die Handelslandschaft einschneidend verändern. Dazu kommen veränderte Konsumwünsche in einer „Freizeitgesellschaft". Hans-Jürgen Anders, Geschäftsführungsmitglied der GfK in Nürnberg, erläuterte vor dem Marketing-Club Bielefeld die Folgen für Händler und Hersteller.

Von alarmierenden Bevölkerungsprognosen aufgeschreckt, die durch Schlagworte wie „die Deutschen sterben aus" begleitet werden, schicken sich deutsche Unternehmen zunehmend an, einen möglichen Nachfrageeinbruch durch gezielte Strategien auszugleichen. Fieberhaft suchen Konsumgüterhersteller und Einzelhandel nach neuen Märkten, Produkten und Zielgruppen, seit bei ihnen Prognosen über die soziodemographische Entwicklung in der Bundesrepublik auf dem Tisch liegen und sich herauskristallisiert, dass sie überdurchschnittlich realitätsnah sind.

Man könnte sich nun natürlich die Frage stellen, ob den Veränderungen der Bevölkerungsstruktur derartig tief greifende Auswirkungen auf Absatz und Nachfrage – im Vergleich zu anderen marktbestimmenden Einflussgrößen – haben können.

Wir wissen, dass wir im Laufe der 70er- und 80er-Jahre
– einen Rückgang der Geburten zu verzeichnen hatten,
– dass die Eheschließungen zurückgingen,
– dass die Bevölkerung kontinuierlich abnahm und
– dass die durchschnittliche Haushaltsgröße sank.

## Was uns in der Zukunft alles erwartet

Halten wir fest, was uns in den ersten Jahrzehnten des 21. Jahrhunderts erwartet:
– Wir werden rund 1,5 Mio. weniger Bundesbürger haben als heute.
– Wir werden eine überalterte Bevölkerung haben. Eine Sonderrolle spielen die Jugendlichen, obwohl ihr Anteil an der Gesamtbevölkerung sinkt. Aber an ihrem Konsumverhalten orientieren sich viele Ältere: Fazit: Hersteller und Händler müssen insbesondere diese zwei Zielgruppen überzeugen.
– Wir werden noch kleinere Haushalte haben als heute, wobei die Form des Zusammenlebens variabler aussehen wird als das, was man traditionell heute noch unter dem Begriff Ehe versteht.
– Wir werden einen bedeutend höheren Anteil von Bundesbürgern mit höherer Schulbildung aufweisen.
– 1960 hatten wir 1,5 Mio. Höchstgebildete, 1990 werden es ca. fünf Mio. sein und diese Entwicklung wird sich weiter vollziehen. Dieser wachsende Anteil höher gebildeter Kunden wird das Kaufverhalten entscheidend beeinflussen. Akademiker, die mit Beginn des 20. Jahrhunderts rund 20 Prozent der Erwerbsbevölkerung ausmachen werden, werden als Leitfiguren das Konsumverhalten aller Käuferschichten prägen.
– Seit der Nachkriegszeit hat sich die Verbraucherstruktur der Haushalte und damit die Nachfrage in einzelnen Märkten erheblich gewandelt:

In den 50er-Jahren dominierte die Nachfrage nach Gütern des lebensnotwendigen Bedarfs, vor allem nach Nahrungsmitteln und Bekleidung.

In den 60er-Jahren rückten langlebige Gebrauchsgüter in den Vordergrund; man sprach von der Einrichtungswelle und danach von der Bekleidungswelle.

Seit Beginn der 70er-Jahre kann man im weitesten Sinne von der Freizeitwelle sprechen; eine Entwicklung, die uns auch in den kommenden Jahrzehnten weiterverfolgen wird. Das heißt, die Nachfrage richtet sich zunehmend auf die Kommunikation sowie den Freizeitbedarf deckende Güter und Dienstleistungen, im Wesentlichen: Reisen, Geräte der Unterhaltungselektronik, sportliche Aktivitäten, Gesundheit und Schönheit.

Die Prognose der Entwicklung des privaten Verbrauchs bis in das 21. Jahrhundert wird sich entsprechend der aufgezeigten Strukturveränderungen fortsetzen:
– So werden die Ausgaben zur Deckung des Elementarbedarfs vor allem für Nahrungsmittel weiter an Bedeutung verlieren; das gilt auch – wenn gleich in geringerem Maße – in Bezug auf die Ausgaben für Bekleidung und für Güter und Dienstleistungen, die der Haushaltsführung dienen.
– Demgegenüber werden die Ausgaben für Wohnung, Verkehr, Kommunikation, für Bildung und Unterhaltung überdurchschnittliche Zuwachsraten zu verzeichnen haben.

**Entwicklung Arbeitszeit.** – Der Freizeitetat, der Sport, Reisen, Urlaub, Hobbys umfasst, befindet sich, wenn wir uns die Entwicklung der Jahresarbeitszeit vergegenwärtigen, weiter im Aufwind:

1960 wurden pro Jahr durchschnittlich 2 124 Stunden gearbeitet, 1986 waren es 1 738; das entspricht einem Rückgang von 18 Prozent.

Die Urlaubstage sind in der Zeit von 1963 bis 1986 von 19 auf 30 Tage gestiegen.

Wir werden quantitativ damit so wenig wie nie zuvor arbeiten.

**Einstellungen Freizeit.** – Wohl kaum eine Entwicklung wird die Einstellungen, Verhaltensweisen und Lebensgewohnheiten der Menschen so stark prägen wie der Wandel der arbeitsfreien Zeit. Neue Lebens- und Konsumstile entwickeln sich und verändern sich mit erkennbarer Dynamik.

Aktuelle Resultate demonstrieren, dass Freizeit und Arbeit jetzt und künftig bei allen Bevölkerungsschichten einen anderen Stellenwert einnehmen werden:
– 51 Prozent der Bundesbürger geht die Freizeit über alles.
– 36 Prozent empfinden die vorhandene Freizeit als zu knapp bemessen, um alle Interessen zu ihrem Recht kommen zu lassen und
– 33 Prozent würden sich bei der Alternative „mehr Einkommen" oder „Freizeit" eher für Letzteres entscheiden.
– 75 Prozent der Bundesbürger sind darüber hinaus der Meinung, dass sie ihr Leben mehr als ihre Eltern genießen.

Mit anderen Worten: Freizeit und Arbeit werden in den kommenden Jahrzehnten eine starke Polarisierung erfahren; Arbeit ist Mittel zum Zweck, nämlich um Freizeit optimal nutzen bzw. genießen zu können.

Das bedeutet, dass neben die quantitative und qualitative Veränderung der Bevölkerung auch einstellungs- und verhaltensmäßige Umschichtungsprozesse treten, die bei Handel und Industrie zumindest ein Umdenken und Anpassen an ein verändertes Nachfrageverhalten aufgrund veränderter Käuferstruktur erfordern und dies quantitativ hinsichtlich der Absatzmenge und qualitativ in der Sortimentsstruktur.

Mit Sicherheit werden wir einen „neuen Verbraucher" vorfinden. Der Verbraucher der Zukunft wird
– bedingt durch seine Erfahrung im Hinblick auf Umwelt, Gesundheit, Energieknappheit, neue Medien, technologische Entwicklung, Recycling – nicht nur ein bedeutend informierterer Verbraucher sein, sondern er wird Handel und Industrie auch bedeutend kritischer und anspruchsvoller gegenübertreten. Sein zu erwartendes Konsumverhalten lässt sich wie folgt umschreiben:

Per Knopfdruck verfügen alle Kunden – ob gewerblich oder privat – über die jeweils aktuellen Preis- und Produktinformationen. Angesichts der kompletten Markttransparenz werden sich nur solche Produkte am Markt behaupten können, deren Preis wettbewerbskonform ist.
– Der Verbraucher kauft gezielt und nach Geschäftstypen differenziert ein, hier Qualitätsartikel, da Massenartikel.
– Der Grundbedarf an Konsumgütern wie Standarddiensten wird noch mehr als heute bei Verbrauchermärkten gedeckt, zumal die vielen Sonderangebote im Handel das Preisbewusstsein der Verbraucher geweckt haben.
– Mit dem verstärkten Einsatz neuer Medien verlieren die Konsumenten die Angst vor der Technik. Werbespots lokaler Fernsehsender erhöhen die Markttransparenz, zahlreiche Warentests verbessern die Produktinformation.

Der somit umfassend informierte Kunde wird sein Einkaufsverhalten wandeln:
– Die Auffassungen der Konsumenten über Ernährung, Bekleidung, Mode oder Wohnen unterscheiden sich so stark, dass letztlich jeder Maßarbeit erwartet. In der Gruppe bestimmt das Leitbild der Jungen das Konsumverhalten der Älteren. Das Angebot muss daher die jungen Kunden überzeugen und ihr Ego befriedigen.
– Es ist heute schon so und der Trend verfestigt sich: In der persönlichen Wertskala rangieren Umwelt, Natur und Gesundheit oben an. Konsequenz: Die angebotenen Waren müssen umweltverträglich sein. Sofern die materiellen Grundbedürfnisse (Wohnen, Essen) befriedigt sind, treten Beruf und Arbeit als allein bestimmende Leitbilder zurück.
– Für die Frau der nächsten Generation haben Betätigung am Arbeitsplatz und Engagement in der Gesellschaft oft einen höheren Wert als Heim und Familie. Deshalb werden Routinekäufe von dieser Kundengruppe als sehr lästige Pflicht empfunden und führen dann zur Akzeptanz des Teleshoppings.
– Die Konsumenten werden bereit sein, mehr Geld für höherwertige Produkte und für erlebnisorientierte Freizeit aufzuwenden. Dinge dieser Art müssen individuell statt anonym am Bildschirm verkauft werden. Die Individualisierung der Lebensstile führt zu einem differenzierten Konsumverhalten. Hierdurch weiten sich die Sortimente aus und schrumpfen die Teilmärkte. Als Verkaufsargumente konkurrieren Preis und Ästhetik.

## Arbeitgeber beharren auf Sozialkürzungen

**Wiesbaden** (Reuter) – Trotz einhelliger Kritik von Bundesregierung, SPD und Gewerkschaften halten die Arbeitgeber an ihrer Forderung nach Einschnitten ins Sozialsystem fest. Die Vorschläge seien keine Aufkündigung des sozialen Konsenses und zielten nicht auf den Abbau des Sozialstaates, sagte Arbeitgeberpräsident Klaus Murmann auf einer Veranstaltung der Druckindustrie in Wiesbaden. Es gehe vielmehr um die „Stabilisierung der Beitragsbelastung auch im Interesse der Arbeitnehmer".

Murmann forderte erneut eine höhere Selbstbeteiligung in der Krankenversicherung, Korrekturen bei der Lohnfortzahlung im Krankheitsfall und eine Entlastung der Sozialversicherung von versicherungsfremden Leistungen. Auch müsse jetzt darüber gesprochen werden, wie die Renten über das Jahr 2010 hinaus gesichert werden könnten. Eine Sozialquote von 34, eine Beitragsbelastung von mehr als 39 und eine Staatsquote von 54 Prozent seien Indizien dafür, „dass wir bei der sozialen Absicherung den Bodenkontakt zur wirtschaftlichen Leistungsfähigkeit verlieren". Den Gewerkschaften warf er vor, eine „Lohnmaximierung für die Arbeitsplatzbesitzer auf Kosten der Arbeitslosen" zu betreiben. Die Tarifrunde 1995 müsse „eine Runde für den Arbeitsplatz" sein. Sechs Prozent Lohnforderung sei unakzeptabel.

Der Präsident des Bundesverbandes der Deutschen Industrie (BDI) Tyll Necker forderte von der Bundesregierung eine Rückführung der Neuverschuldung, die Senkung der Steuerlast und die Förderung der Innovationsfähigkeit.

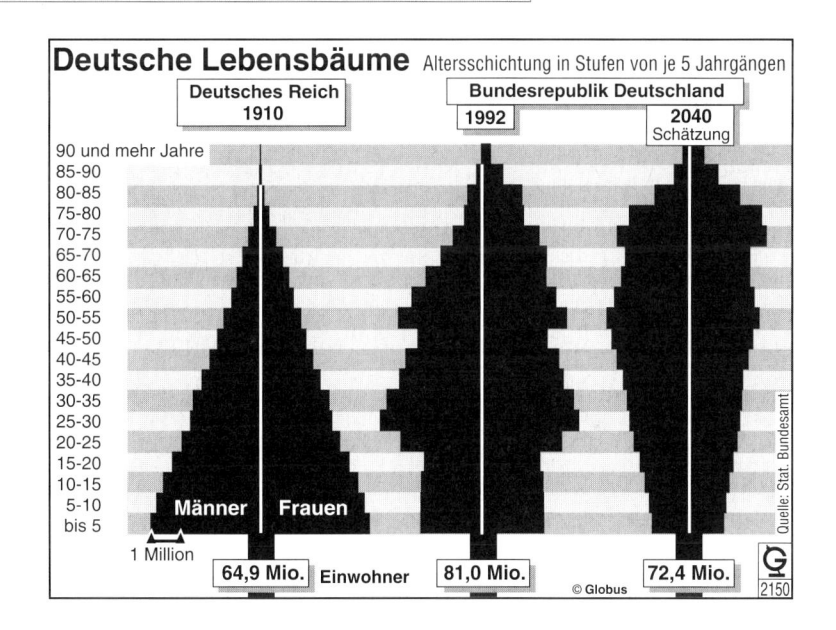

**Deutsche Lebensbäume** Altersschichtung in Stufen von je 5 Jahrgängen

Deutsches Reich 1910 – 64,9 Mio. Einwohner
Bundesrepublik Deutschland 1992 – 81,0 Mio.
2040 Schätzung – 72,4 Mio.

Quelle: Stat. Bundesamt © Globus 2150

## Die Kohle stimmt
Finanzielle Ausstattung von Kindern

| Kinder von | 7 – 9 Jahre | 10 – 12 Jahre | 13 – 15 Jahre |
|---|---|---|---|
| Taschengeld | **180 Mark** | **300 Mark** | **540 Mark** |
| Zusätzliche Geldzuwendungen | **336 Mark** | **504 Mark** | **828 Mark** |
| Geldgeschenke zu besonderen Anlässen | **167 Mark** | **164 Mark** | **240 Mark** |
| Gespartes Geld | **587 Mark** | **857 Mark** | **1.542 Mark** |
| Gesamtverfügbar im Durchschnitt pro Jahr | **1.270 Mark** | **1.825 Mark** | **3.150 Mark** |

# Fallsituation 1 — Marketing — Ambiente GmbH

- Gesündere Lebensweise – daraus ergeben sich neue Bedarfsfelder in den Bereichen Körperpflege, Kosmetik, Fitnesstraining usw.
- Mehr Geselligkeit – daraus ergeben sich neue Bedarfsbereiche und Wünsche bei Sport, Unterhaltung, Freizeitgestaltung, Urlaubsreisen sowie im gesamten kulturellen Bereich. Auch gastronomische Betriebe können mit neuen Angeboten vom Trend zu mehr Geselligkeit profitieren.
- Genussorientierte Lebensweise – dies könnte beispielsweise zu neuen Nachfragepotenzialen in den Bereichen Gesunderhaltung, Musik, Meditation, Entspannung sowie im Freizeitbereich (u. a. Besuch von Freizeit- oder Erlebnisparks, Kurz- oder Wochenendreisen, Kauf einer Ferienwohnung usw.) führen.
- Aktive Lebensweise und Freizeitgestaltung – dies führt zu neuen Bedarfsfeldern für die sinnvolle Beschäftigung im Haus und Garten, bei der Pflege von Hobbys sowie bei anspruchsvollen Sportarten und Reisen.
- Bewusstere Lebensweise – dies führt zu neuen Bedarfsbereichen bei der Sicherheit ( z. B. im Alter), Gesunderhaltung, Verbraucherschutz, Umweltschutz sowie aktiver Mitarbeit, z. B. in der Kommunalpolitik, in Gemeinden oder sozialen Einrichtungen.

◆ **Externe Gründe für den Umsatz- und Gewinnrückgang:**

- Wer sind die neuen Zielgruppen, die bislang zu wenig berücksichtigt wurden?

_____
_____
_____
_____
_____

- Welche veränderten Nachfragetrends bzw. welches veränderte Konsumentenverhalten ist zu verzeichnen?

_____
_____
_____
_____
_____
_____
_____
_____
_____

- **Welche sozialen Gesichtspunkte bedingen den Rückgang der Kaufkraft/Kauflust und somit den Umsatz-/Gewinnrückgang im Einzelhandel?**

- **Welche wirtschaftlichen Gesichtspunkte tragen zum Rückgang des Konsums und somit der Umsatz- und Gewinnerwartung des Einzelhandels (speziell des Warenhauses) bei?**

- **Lösungsvorschläge:**

# Fallsituation 1 — Marketing — Ambiente GmbH

*Leonard Müller:* Wir haben nun die externen Gründe zusammengetragen, die für den Umsatz- und Gewinnrückgang im Einzelhandel, somit auch für unser Warenhaus von großer Bedeutung sind. Weiterhin haben wir erste Lösungsvorschläge gesammelt, die uns bei der Bewältigung unseres Problems helfen können. Nun sollten wir eine umfassende Konzeption entwickeln, bei der alle Aktivitäten konsequent auf die gegenwärtigen und zukünftigen Erfordernisse von **Ambiente** ausgerichtet werden. Dieses Marketingkonzept soll alle Maßnahmen umfassen, die darauf abzielen, den Absatz zu fördern und damit positiv auf die Umsatz- und Gewinnerzielung wirken. Außerdem sollten wir versuchen das Image unseres Warenhauses zu verbessern.

*Herr Hansen:* Bislang haben wir aber überhaupt nicht darüber gesprochen, inwieweit Schwachstellen in unserem Unternehmen zu dem Umsatz- und Gewinnrückgang beitragen. Man muss die Gründe hierfür nicht nur draußen suchen. Ich denke, dass wir bei Ambiente eine Menge verändern müssen, damit sich unser Haus auch langfristig gegenüber der Konkurrenz halten kann, Ambiente aber auch für unsere Kunden weiterhin attraktiv bleibt.

*Leonard Müller:* Da haben Sie Recht, Herr Hansen. Wir sollten zweierlei tun, bevor wir den Unternehmensberater Herrn Döring einschalten. Zuerst sollten wir uns noch einmal über die Einflussgrößen auf die Kaufentscheidungen der Konsumenten informieren. Weiterhin müssen wir uns Gedanken über unsere Konkurrenten machen, wer sie sind und welche Vorteile wir ihnen gegenüber haben, die wir ausnutzen könnten, um unsere Attraktivität deutlich herauszustellen.

**Arbeitsauftrag:**

1. Suchen Sie zunächst die Einflussgrößen auf die Einkaufsentscheidungen des Konsumenten und diskutieren Sie darüber (⇨ *Diskutieren* [19]).
2. Beschreiben Sie, welche Betriebsformen Konkurrenz für Ambiente bedeuten und begründen Sie Ihre Meinung.
3. Nennen Sie im Anschluss die einzelhandelstypischen Kennzeichen unseres Warenhauses und stellen Sie die Vorteile zu den anderen Betriebsformen heraus.

◆ **Einflussgrößen auf die Einkaufsentscheidung der Konsumenten:**

◆ **Konkurrenten des Warenhauses:**

◆ **Einzelhandelstypische Kennzeichen des Warenhauses/Vorteile zu den anderen Betriebsformen:**

## Fallsituation 2: *Die interne Situation im Warenhaus*

Nachdem Herr Müller und seine Abteilungsleiter hinreichend über die externen Probleme, die den Einzelhandel betreffen, informiert worden sind und sie ebenfalls über die Einkaufsgewohnheiten der heutigen Konsumenten sowie über die Konkurrenten von Ambiente Bescheid wissen, bittet Herr Müller den Unternehmensberater Dieter Döring um weitere Informationen über hausinterne Schwachstellen sowie neue Entwicklungen und Erfahrungen über die Betriebsform *Warenhaus*.

Zwei Tage später erhält Leonard Müller einen Brief mit verschiedenen Unterlagen. Diese arbeitet er zunächst durch, um in der nächsten Abteilungsleiterkonferenz über die wichtigsten Informationen referieren zu können.

---

Unternehmensberater
Dieter Döring
Schillerstraße 15
32134 Schönstadt                                                                                17. Febr. 199.

Sehr geehrter Herr Müller,

ich sende Ihnen die gewünschten Informationen über die derzeitige Situation in Ihrem Warenhaus sowie aktuelle Entwicklungen, Trends und Verbesserungsmöglichkeiten bezüglich der Betriebsform Warenhaus. Die Daten stammen in erster Linie aus verschiedenen aktuellen Fachzeitschriften. Ein Warenhaus hat bereits auf die veränderten Bedingungen reagiert, wie Sie aus einem der Artikel entnehmen können.

Das Positionierungsmodell Ihres Warenhauses ist von meinen Mitarbeitern fertig gestellt. Ich hoffe, dass Sie aus den Materialien neue Erkenntnisse für Veränderungen entnehmen können. Bei weiteren Fragen rufen Sie mich bitte wieder an.

Mit freundlichen Grüßen

**Anlagen:**

**Fallsituation 2** Marketing

Unternehmensberater
**Dieter Döring**
**Schillerstraße 15**
**34567 Schönstadt**

15. Febr. 199.

# Gutachten
für
*Ambiente* GmbH

Im Rahmen meiner Untersuchung sind mir verschiedene Mängel aufgefallen, die auf Fehler im Management des Unternehmens **Ambiente** zurückzuführen sind. Zu verzeichnen ist zunächst das Sammelsurium an Angeboten, das die Bedürfnisse der Konsumenten nur unzureichend befriedigen kann. Das Warenhaus bietet zu viele Artikel im Sortiment an, die mit den aktuellen Bedürfnissen der Kunden nicht mehr übereinstimmen. Diese Artikel bilden schließlich Ladenhüter und machen das Angebot unattraktiv. Auffällig ist auch die unübersichtliche Präsentation der vorhandenen Ware im Ladenlokal sowie die nicht ansprechende Dekoration der Schaufensterauslagen. Die sporadische und unprofessionelle Werbung führt zu einer unzureichenden Informationsübermittlung an die Konsumenten. Weiterhin ist eine schlechte bzw. fehlende Beratung zu verzeichnen, da das Personal häufig mit anderen Aufgaben beschäftigt ist. Insgesamt gesehen sind zu wenig Mitarbeiter mit dem Verkauf betraut, bedingt durch zu großen Personalabbau. Für die Kunden bedeutet dies neben mangelnder Beratung lange Wartezeiten an der Kasse. Zudem befinden sich derzeit noch umsatzschwache Warenbereiche in Ihrem Sortiment. Möbel und Lampen z. B. Sie werden heute zusehens auf der grünen Wiese in Fachmärkten zu Preisen angeboten, die das Warenhaus auch bei entsprechender Kalkulation nicht gewähren könnte. Solche Möbelfachmärkte sind z. B. IKEA, MÖMA, UNGER, PORTA.

Zusammenfassung aus verschiedenen Fachzeitungen:

## Warenhäuser – Wege aus der Krise?

Das konventionelle Marketing und die Verbesserung des bisherigen Kostenmanagements kann der Betriebsform Warenhaus nicht aus der Krise helfen. Vielmehr sind neue bzw. andere Wege gefragt, die helfen die Probleme des Warenhauses zu lösen. Das strategische Dilemma, in dem sich das Warenhaus gegenüber anderen Betriebsformen, wie Fachmärkte, Discounter oder Fachgeschäften befindet, liegt in erster Linie am Sortiment. Ein Warenhaus bietet wie keine andere Betriebsform Grundnutzen- und Zusatznutzensortimente an, unter dem Motto: alles unter einem Dach. Für das *Grundnutzensortiment* benötigt das Warenhaus eine ausgezeichnete Kostenstruktur. Hier muss das Motto gelten: Minimierung des Einstandspreises. Durch die zentrale Beschaffung müssen zentrale Einkaufsvorteile ausgenutzt werden, um durch die Kostenreduzierung das standardisierte Grundnutzensortiment zu einem wettbewerbsfähigen Verkaufspreis anbieten zu können. Schließlich könnte so ein angemessener Ertrag gesichert werden. Das Zusatznutzensortiment benötigt eine andere Verfahrensweise. Hier gilt bei geringerer Einkaufsmenge den Verkaufspreis zu maximieren. So ist man in der Lage, bei geringerer Einkaufsmenge zu optimalen Preisen einen ausreichenden Ertrag zu erwirtschaften. Das Problem liegt aber darin, dass dem *Zusatznutzensortiment* häufig die spezifische Orientierung an den verschiedenen Kundengruppen fehlt. Konsequenz davon ist langfristig, dass die Kunden Artikel des Grundnutzensortiments im Warenhaus erwerben, für Artikel des Zusatznutzensortiments eher die Fachgeschäfte ansteuern, um sich beraten zu lassen und dann schließlich in den Fachmärkten zu sehr günstigen Preisen den Artikel erwerben.

Hier liegt jedoch die Chance für das Warenhaus sich gegenüber den Konkurrenten, d. h. gegenüber den anderen Betriebsformen, abzugrenzen. Der Leistungsvorteil liegt in der Verbesserung des Zusatznutzensortimentes. In Zukunft muss konsequent an einem unverwechselbaren Warenhausprofil gearbeitet werden. Dies bedeutet aber nicht nur die Verbesserung der eigentlichen Warensortimente, sondern auch die Verbesserung des Zusatzleistungssortiments, das ein Warenhaus dem Kunden anbieten kann. Dies alles hängt jedoch verstärkt von dem Kunden ab. Um sich ertragswirksam gegenüber der Konkurrenz zu profilieren, muss sich das Warenhaus langfristig am Kunden orientieren. Hierbei treten für die Sortimentsstrategie wichtige Fragen in den Vordergrund:

- Welche Warenbereiche/Warengruppen werden bisher angeboten?
- Welche Warenbereiche/Warengruppen sollten angeboten werden?
- Welche Dienstleistungen werden bisher angeboten?
- Welche Dienstleistungen sollten angeboten werden?
- Wie breit und tief sollte das Sortiment insgesamt sein?
- Welche Kunden sprechen wir bislang an?
- Wer sind die Kunden, die wir auch zukünftig ansprechen wollen?

Die Klärung dieser Fragen sollte ermöglichen den Leistungsvorteil im Zusatznutzensortiment zu verbessern, ohne auf das Grundnutzensortiment verzichten zu müssen.

**Fallsituation 2** — Marketing — *Ambiente GmbH*

> Aus Handelsjournal 3/95
>
> „(...) Äußere Kennzeichen des Konzepts ist die Präsentation von insgesamt acht Warenwelten – Damenwelt, Herrenwelt, Kinderwelt – in ansprechendem Ambiente. Seit 1988, als das neue System bei Horten eingeführt wurde, sind 20 der 41 Horten-Häuser zu Galerien umgebaut worden. In diesem Jahr sollen drei weitere folgen. Aber Galeria ist mehr als angenehme Einkaufsatmosphäre. Das Gewicht der Markenartikel im Sortiment ist größer als im *typischen* Warenhaus – vor allem bei Textilien. Die Verbraucher haben es offenbar honoriert. Es gibt eigene Markenshops, etwa für Mode von Esprit, für Fissler-Kochgeschirr oder Porzellan von Seltmann-Weiden, die von Fachverkäufern betreut werden. Die Ausrichtung von Galeria am Fachgeschäft ist unverkennbar. Außerdem: Das Personal wird speziell für den Galeria-Einsatz geschult. Motto: Der Kunde steht im Mittelpunkt, Warenpflege wird groß geschrieben (...)"

## Positionierungsmodell Ambiente

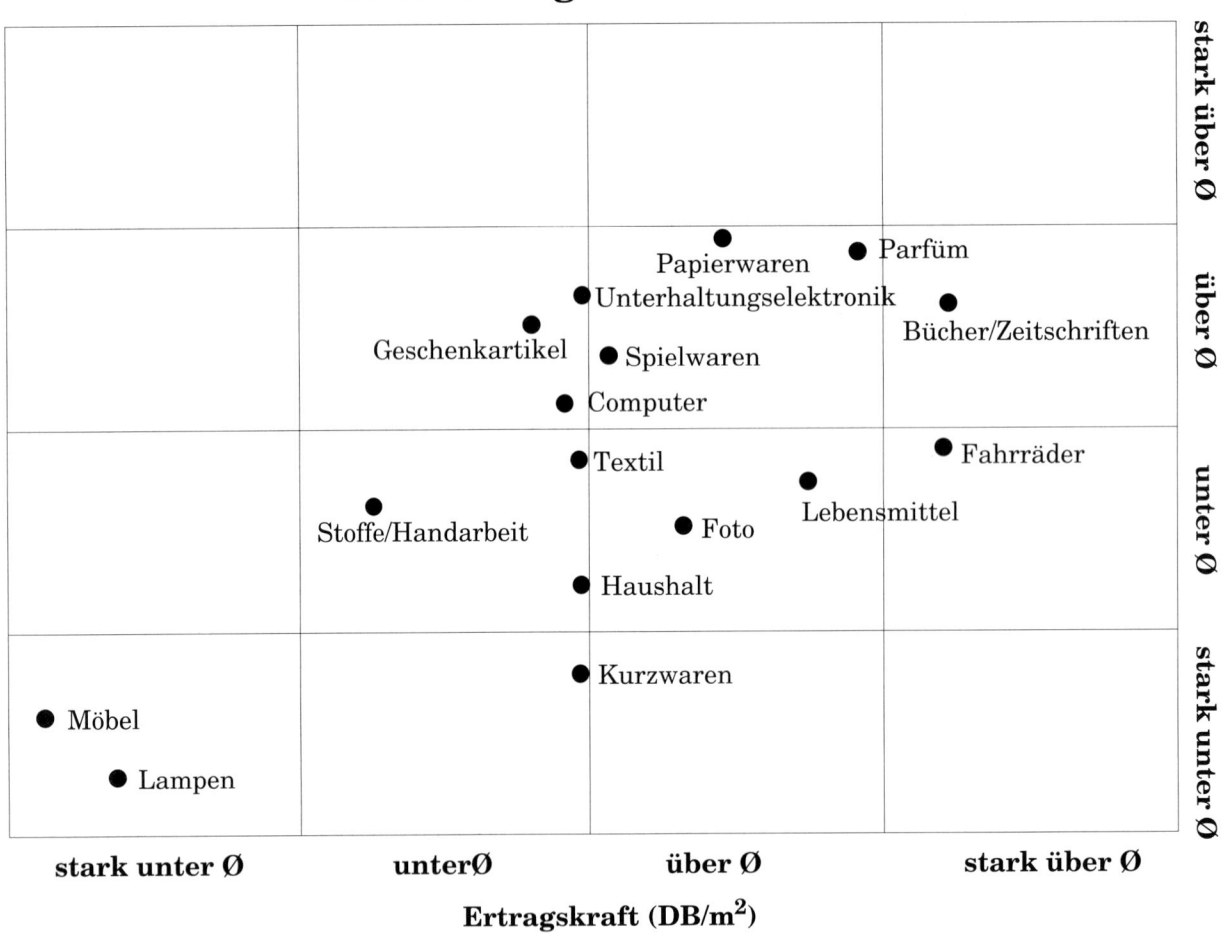

Y-Achse (Image): stark über Ø, über Ø, unter Ø, stark unter Ø
X-Achse (Ertragskraft (DB/m$^2$)): stark unter Ø, unter Ø, über Ø, stark über Ø

Positionen:
- Parfüm – über Ø / stark über Ø (Image hoch)
- Papierwaren – über Ø Image, über Ø Ertrag
- Unterhaltungselektronik – über Ø Image, über Ø Ertrag
- Bücher/Zeitschriften – über Ø Image, stark über Ø Ertrag
- Geschenkartikel – über Ø Image, unter Ø Ertrag
- Spielwaren – über Ø Image, über Ø Ertrag
- Computer – über Ø Image, über Ø Ertrag
- Fahrräder – unter Ø Image, stark über Ø Ertrag
- Textil – unter Ø Image, über Ø Ertrag
- Lebensmittel – unter Ø Image, stark über Ø Ertrag
- Stoffe/Handarbeit – unter Ø Image, unter Ø Ertrag
- Foto – unter Ø Image, über Ø Ertrag
- Haushalt – unter Ø Image, über Ø Ertrag
- Kurzwaren – stark unter Ø Image, über Ø Ertrag
- Möbel – stark unter Ø Image, stark unter Ø Ertrag
- Lampen – stark unter Ø Image, stark unter Ø Ertrag

Leonard Müller erarbeitet sich nun ein Konzept, indem er mithilfe verschiedener Fragen die Materialien des Unternehmensberaters ausarbeitet.

**Handlungsorientierte Arbeitshefte für den Einzelhandel** — *Ambiente* — Marketing — **Fallsituation 2**

**Arbeitsauftrag:**

1. Sammeln Sie in Ihrer Gruppe die internen Gründe, die so genannten Schwachstellen von Ambiente, die ebenfalls zu einem Umsatz- und Gewinnrückgang im Warenhaus Ambiente geführt haben.
2. Fassen Sie die neuen Entwicklungen bzw. Trends, die das Warenhaus betreffen, zusammen.
3. Beschreiben Sie, welche Konsequenzen daraus für das Warenhaus Ambiente entstehen.
4. Listen Sie das Sortiment sowie die angebotenen Dienstleistungen von Ambiente zunächst auf.
5. Präsentieren Sie Ihre bisherigen Ergebnisse den anderen Gruppen (⇨ *Präsentation* [16]).
6. Vergleichen Sie die Ergebnisse und diskutieren Sie im Plenum darüber (⇨ *Diskutieren* [19]).

◆ **Interne Schwachstellen des Warenhauses:**

◆ **Entwicklungen bzw. Trends im Warenhaus:**

◆ **Konsequenzen für Ambiente:**

**Fallsituation 3** | Marketing

◆ **Bisherige(s) Sortiment/Dienstleistungen von Ambiente:**

## Fallsituation 3: *Sortimentspolitische Entscheidungen*

Nach Fertigstellung eines Konzeptes beruft er am nächsten Tag erneut eine Abteilungsleiterbesprechung ein.

Dort stellt er die Schwachstellen des Warenhauses vor und informiert über aktuelle Entwicklungstendenzen der Betriebsform *Warenhaus*.

*Herr Müller:* ... So viel zur Situation. Sie sehen, dass die Lage ernst ist, und wir unbedingt etwas unternehmen müssen. Bevor wir nun mit der Suche nach möglichen Veränderungen bzw. Verbesserungen unseres Sortiments beginnen, müssen wir uns einmal die verschiedenen Sortimentsstrategien klarmachen.

Ihre Aufgabe ist es nun, Ideen zu sammeln für mögliche Sortimentserweiterungen und Sortimentsbereinigungen. Nutzen Sie hierfür die Unterlagen unseres Unternehmensberaters. Nehmen Sie keine Rücksicht darauf, ob Ihre Ideen wirklich realisiert werden können. Suchen Sie so viele neue Warenbereiche, Warengruppen und auch bedeutende Artikel, die wir in unser Sortiment aufnehmen könnten. Das Positionierungsmodell hilft Ihnen auch bei der Überlegung, welche Warenbereiche wir möglicherweise eliminieren könnten. Denken Sie an die mögliche Sogwirkung. Ich denke, wir haben alles in allem eine optimale Chance für eine ausgefeilte Sortimentsveränderung. Wir müssen nur etwas wagen. So, meine Damen und Herren, jetzt bitte ich Sie in ihre Gruppen zu gehen und zu beraten.

**Arbeitsauftrag:**

1. Informieren Sie sich (⇨ *Aktives Lesen* [1]) über die verschiedenen Sortimentsstrategien. Halten Sie die wichtigen Merkmale der Sortimentsstrategien in optischer Strukturierung fest. Bereiten Sie sich darauf vor, Ihr Ergebnis zu präsentieren (⇨ *Präsentation* [16]).

2. Setzen Sie sich mit Ihrer Gruppe zusammen. Überlegen Sie sich mögliche Veränderungen des Sortiments von Ambiente. Hierzu können Sie Veränderungen hinsichtlich

    - einer Sortimentserweiterung,
    - der Aufgabe einzelner Warengruppen oder ganzer Warenbereiche,
    - der Diversifikation von Warenbereichen vornehmen. Nehmen Sie für die Ideenentwicklung die Informationen des Unternehmensberaters zur Hilfe. Berücksichtigen Sie ebenfalls die neuen Zielgruppen und die veränderten Nachfragetrends.

3. Sammeln Sie einzelne Ideen auf Karten (⇨ *Kartenabfrage* [36]).

4. Präsentieren Sie Ihre Ergebnisse den anderen Gruppen (⇨ *Präsentation* [16]).

5. Diskutieren Sie im Plenum über die verschiedenen Möglichkeiten einer Sortimentsveränderung. Entscheiden Sie sich für zwei bis drei Neuaufnahmen von Warenbereichen, Warengruppen oder auch einzelner Artikel, die langfristig zu einer Verbesserung der Ertragslage und des Unternehmensimages beitragen (⇨ *Diskutieren* [19]).

6. Schreiben Sie bitte Ihre eigenen sowie die Vorschläge der anderen Gruppen in Bezug zu den potenziellen Sortimentsveränderungen in die unten stehende Tabelle.

7. Welche Ziele könnte der Chef von Ambiente mit den Sortimentsveränderungen verfolgen?

◆ **Sortimentsveränderungen:**

◆ **Vorschläge für Warenbereiche, die eliminiert werden sollten:**

| Fallsituation 3 | Marketing |

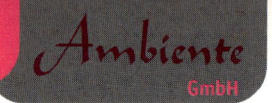

◆ **Vorschläge für neue Artikel, Warengruppen oder Warenbereiche** (ausführliche Beschreibung, wie diese aussehen könnten bzw. welche Artikel/Warengruppen z. B. in den Warenbereichen angeboten werden könnten):

◆ **Ziele:**

Nach der Gruppenarbeitsphase ruft Leonard Müller seine Mitarbeiter zurück in das Plenum. Die einzelnen Gruppen präsentieren nun ihre Vorschläge hinsichtlich ihrer gewünschten Sortimentsveränderungen. Nach der Vorstellung der Ideen diskutieren die Mitarbeiter über Realisierungsmöglichkeiten einzelner Vorschläge und stimmen über die geeigneten Vorschläge ab.

**Arbeitsauftrag:**

1. Erstellen Sie ein Ergebnisprotokoll (⇨ *Protokollieren* [12]) von der Dienstversammlung.

◆ **Ergebnisprotokoll:**

# Fallsituation 4: *Marktforschung*

Arbeitsauftrag:

1. Lesen Sie in Ihrem Lehrbuch oder einem anderen Fachbuch das Kapitel zum Thema Marktforschung und fassen Sie die wichtigsten Informationen in Bezug zur Bedeutung, Aufgabe und Methode der Marktforschung zusammen (⇨ *Aktives Lesen* [1]).

◆ Bedeutung, Aufgaben und Methoden der Marktforschung:

**Bedeutung der Marktforschung:**

**Aufgaben der Marktforschung:**

**Methoden der Marktforschung:**

**Fallsituation 4** — Marketing — *Ambiente GmbH*

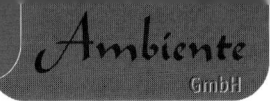

*Herr Müller:* Meine Damen, meine Herren, ich danke Ihnen für Ihre Vorschläge über Sortimentsveränderungen innerhalb unseres Hauses. Jetzt müssen wir erst einmal überlegen, wie es weitergehen soll.

*Herr Hansen:* Ich halte es für wenig sinnvoll, unsere Ideen der Veränderung einfach in die Tat umzusetzen, also zu realisieren. Wir wissen doch gar nicht, ob unsere Kunden mit besagten Innovationen einverstanden sind. Darum schlage ich vor, wir ziehen sie zu unseren Überlegungen hinzu.

*Herr Müller:* Diese Idee finde ich sehr gut. So können wir eher feststellen, welche unserer Ideen zur Verbesserung bei ihnen am meisten ankommt. Wir sollten vorher die Ideen noch einmal sammeln.

*Herr Hansen:* Genau, und dann sollten wir ein Marktforschungsunternehmen mit weiteren Untersuchungen beauftragen.

*Herr Freiberg:* Dazu möchte ich auch noch etwas sagen. Können wir eine Marktforschungsstudie nicht selbst erstellen? Ich denke nur an die Kosten, die bei der Beauftragung eines Institutes anfallen. Sollten wir uns nicht selbst mit der Marktforschung befassen? Frau Knobbe als Abteilungsleiterin Absatz/Verkauf kann uns bestimmt bei unseren Forschungen mit Tipps behilflich sein, wie wir eine für unsere Fragestellung entsprechende Marktforschungsstudie erstellen können. Wenn wir gemeinsam daran arbeiten, dann werden wir bestimmt auch zu einem Ergebnis kommen.

*Herr Müller:* Da haben Sie Recht, Herr Freiberg. In der Tat kann uns Frau Knobbe Tipps geben, denn immerhin ist sie Spezialistin auf dem Gebiet.

*Frau Knobbe:* Also gut. Zunächst sollten wir die möglichen Quellen, von denen wir Informationen hinsichtlich unseres Problems finden können, anzapfen. Da wir sehr viel Material und Informationen benötigen, bin ich dafür, dass wir arbeitsteilig arbeiten. Jeder von uns kann für eine der von uns geplanten Veränderungen Informationen recherchieren, ob und inwieweit diese Veränderung von den Konsumenten überhaupt angenommen wird bzw. wie in diesem Zusammenhang der derzeitige Trend aussieht. Um allen hier Anwesenden die Aufgabe zu erleichtern, bin ich dafür, dass wir für eine der geplanten Sortimentsveränderungen unser Vorgehen einmal exemplarisch demonstrieren.

*Herr Müller:* Ich bin einverstanden. Nehmen wir doch als Beispiel die Idee mit der neuen Warenwelt „Rund ums Backen – ökologisch/ökonomisches Backen". Wir hatten ja überlegt die Warenwelt z. B. zwischen der Lebensmittel- und der Hausratsabteilung zu platzieren. In der Warenwelt würden wir alle Lebensmittel bzw. Zutaten aufnehmen, die zum Backen benötigt werden. Diese Produkte würden überwiegend biologisch angebaute bzw. hergestellte Zutaten sein. Ich denke aber auch an die fertigen Backmischungen, die unseren Kundinnen das Backen erleichtern. Diese liegen zurzeit voll im Trend. Zusätzlich zu den Lebensmitteln würde in der neuen Warenwelt alles Backzubehör, von der Küchenmaschine bis zur Rührschüssel einschließlich der Backbücher, zu finden sein.

*Frau Knobbe:* Bei dem Gedanken entsinne ich mich an einen Artikel aus einer Zeitschrift. Wo habe ich ihn nur? Hier, da ist er. Sehen Sie meine Damen und Herren. Dieser Artikel handelt vom Brotbacken. Er gibt uns Auskunft über neue Trends. Wir sind bereits mittendrin und betreiben Sekundärforschung. Aber das reicht nicht aus. Neben der Sekundärforschung müssen wir auch noch Primärforschung betreiben.

Handlungsorientierte Arbeitshefte für den Einzelhandel — Ambiente GmbH — Marketing — Fallsituation 4

## ERNÄHRUNG

# Was ist los mit unserem Brot?

## Bequeme Bäcker, verunsicherte Kunden

Brotparadies Deutschland. Jedenfalls im Prinzip. Denn nirgends gibt es soviel Auswahl wie bei uns (siehe oben). Der „reine" Genuß allerdings ist längst nicht mehr immer garantiert. Denn was in ihrem Brot drin steckt, können auch viele Bäcker nur noch ahnen. Sie nämlich beziehen von Großlieferanten fertige Grundmischungen. Der Rest ist ein Kinderspiel: Wasser dazu, anrühren, losbacken. Natürliche oder chemische Backhilfen garantieren auf jeden Fall das Gelingen.

Das bequeme Leben in den Backstuben läßt völlig verunsicherte Kunden zurück: Wie steht es wirklich um Qualität und Reinheit? Oft ziemlich schlecht. Denn

- **das Quellvermögen des Teiges** wird durch Calciumsulfat (Gips) gesteigert,
- **das Gehen des Teiges** verkürzt durch Verdickungsmittel, sogenannte Hydrokolloide,
- **Bräune** erzielt durch Gerstenmalzsirup, um Vollkornqualität zu suggerieren,
- **die Schimmelbildung** durch Sorbinsaure gehemmt,
- **das durch eine Menge Enzyme den vorzeitige Altbackenwerden** verhindert.

Schon genug gekelt?

Es kommt noch besser. Denn selbst **verführerischer Brötchenduft ist künstlich.** Er wird durch L-Cystin aus asiatischem Menschenhaar erzielt.

Besonders nachteilig ist es, wenn die Teigführung bei Vollkornbroten durch Kunstsauer stark abgekürzt wird. Lebensmittelchemiker Udo Pollmer: „Der Teig entspricht in Optik, Geruch und Geschmack zwar einem Sauerteig. Es fand aber keine Fermentation statt."

Diese Kunst-Sauerbrote haben also mit dem herkömmlich, klassisch gebackenen nur noch im Namen gemein. Experten: Damit fallen auch die Vorzüge unter den Tisch. Natur-Sauerteig nämlich schützt die Darmflora, wirkt antibiotisch und stärkt das Immunsystem.

Wie kann der Verbraucher die üble Brotpanscherei erkennen? Insider: Eigentlich gar nicht! Denn **nur auf verpacktem Brot aus der Fabrik müssen die Zutaten stehen. Bei offen verkauftem Brot kommt es auf den Bäcker an.**

Immer mehr helfen sich deshalb selbst. Und künftigen Hobby-Backlaien verrät das Hobbythek-Team diese Woche im Fernsehen (siehe Sendehinweis) viele Tricks.

In der Sendung geht's übrigens auch um Baguette aus Frankreich. Warum das soviel knuspriger als deutsches ist, verrät FUNK UHR schon hier:

Ausschlaggebend sind Mehl mit anderen Kleberwerten und langes Liegen des Teiges. Dabei bilden sich Geschmacksstoffe, die es beim Backen richtig knusprig karamelisieren.

*Johanna Strobsdorfer*

---

### Versuchen Sie es selbst

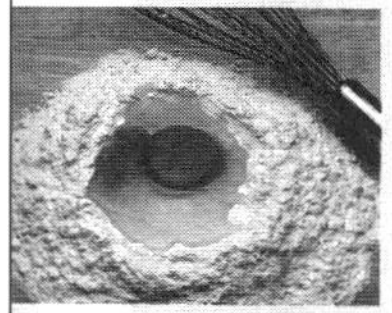

Brot selbst backen – lohnt sich das? Viele meinen, ja, denn sie möchten wissen, was im Laib drin ist. Sie legen Wert auf „reine" Zutaten, finden, daß es besser schmeckt. Gute Tips:

**Mehl:** Je höher die Typenzahl, desto würziger und gehaltvoller das Mehl (z. B. Weizenmehl 1700). Wer Getreide selbst mahlt, braucht eine Getreidehaushaltsmühle. Gibt's mit Stahl- oder Keramikmahlwerk.

**Triebmittel:** Hefe oder Sauerteig.

Empfehlenswert: Natursauerteig aus dem Reformhaus, der nur mit eingeknetet werden muß. Teig beim Gehen vor Zugluft schützen.

**Kneten:** Je länger der Teig geknetet wird, desto feiner die Krume. Immer von außen nach innen kneten, damit sich alles gut vermischt.

**Backformen:** Für Schwarzblech, Gasherd Weißblech – Elektroherd Römertopf, Tonformen. Bleche mit Backpapier belegen.

**Einfach Zutaten hineinlegen – der Brotbackautomat liefert pünktlich frisches Brot** (Bader, 249 Mark)

---

### Richtig aufbewahren

- Je höher der Roggenanteil, desto länger bleibt Brot frisch.
- **Brot muß „atmen" können,** daher nicht in Plastiktüten stecken, sondern in einem porösen Keramiktopf (Foto ①): Scheurich, um 65 Mark/oder in einem Brotkasten aus unbehandeltem Holz (Foto ②): Im Fachhandel, um 30 Mark) aufbewahren. Baguette bleibt im Baumwollbeutel knusprig (Foto ③): 6 Mark; daneben Brotbeutel, 5 Mark; peixe, Waschbär*).
- **Geschnittenes Brot** hält sich am besten in der Originalfrierepackung. Brot einfrieren: bei 18 Grad minus.

---

### Warenkunde: Es gibt rund 300 Sorten

Kaum ein anderes Lebensmittel gibt es in solcher Auswahl: Täglich können wir zwischen 300 Sorten Brot und 1200 Sorten Brötchen wählen. Im Norden bevorzugt man Schwarz- und Roggenschrotbrote, im Süden Mischbrote, im Westen Spezialbrote mit Körnern, im Osten eher Roggenbrote. Die vier Grundsorten sind Weizen-, Roggen-, Misch- und Spezialbrot.

**Weizenbrote** enthalten mindestens 90% Weizenmehl, werden mit Hefe gebacken, schmecken mild-aromatisch, sind nicht lange haltbar. Dazu gehören Weißbrot, Baguette und Meterbrot sowie Toastbrot. Sie haben kaum Vitamine und Mineralstoffe. Weizenvollkornbrote dagegen enthalten die wertvollen Inhaltsstoffe des ungeschälten Korns.

**Roggenbrot** aus mindestens 90% Roggenmehl, mit Sauerteig gebacken, hat einen kräftigen, säuerlichen Geschmack. Hier gibt es eine Vielzahl von Land- und Bauernbroten. Roggenschrotbrote und Roggenvollkornbrote aus Mehl, Sauerteig und sämtlichen Bestandteile des Getreidekorns enthalten, sind besonders vitamin- und mineralstoffreich.

**Mischbrote** bestehen aus Weizen- und Roggenmehl. Je nachdem, welcher Anteil überwiegt, heißen sie Weizen- oder Roggenmischbrot. Sie werden sowohl mit Hefe als auch mit Sauerteig gebacken. Das führt entweder zu mildem oder aber zu würzigem Geschmack. In diese Gruppe gehören Sorten wie Frankenlaib,

Heide, Paderborner oder Krustenbrot.

**Spezialbrote** entstehen durch Verwendung spezieller Zutaten, Getreidearten, Backverfahren. Dazu zählen: Mehrkornbrote, Brote mit Sesam, Sonnenblumen- und Kürbiskernen, Dinkel-, Hafer-, Hirse- und Leinsamenbrot. Ferner Fladenbrot, Knäckebrot, Kartoffelbrot, Buttermilch-, Rosinen- und Zwiebelbrot, Nußbrot, Grahambrot (nach dem US-Arzt Graham) aus Weizenschrot ohne Salz und Hefe.

Und: Pumpernickel aus Roggenschrot, 16 Stunden lang bei mäßiger Hitze gebacken, wodurch das besondere Aroma und die Farbe entstehen.

---

*Die Auswahl an Brot wächst ständig. Am gesündesten: Vollkornbrote. Da sie nicht jeder verträgt, sind Bio-Mehlbrote „in"*

*Knäckebrot aus Roggen und Weizen: haltbar, kalorienarm, unterschiedlich gewürzt*

*Hauptsache, ihm schmeckt's. Doch immer mehr Kunden schlagen auf den Magen, was aus den Backstuben geliefert wird*

BR 3
MI, 12. 6., 13.35
Hobbythek. Von Baguette bis Brezel

Fotos: StockFood, Imagine, Frames, Mourilus, Teubner, Hersteller

Quelle: Funk Uhr

**Fallsituation 4** — Marketing

**Ambiente GmbH**

**Arbeitsauftrag:**

1. Formulieren Sie die im Dialog dargestellte Problematik mit eigenen Worten.
2. Lesen Sie den Zeitungsartikel (⇨ *Aktives Lesen* [1]) und fassen Sie die wichtigsten Informationen mit eigenen Worten zusammen. (⇨ *Bericht schreiben* [11]).
3. Gestalten Sie in Ihrer Gruppe die geplante Warenwelt „Rund ums Backen – ökologisch/ökonomisches Backen" und listen Sie alle Artikel auf, die Sie mit Ihrer Gruppe in der Warenwelt aufnehmen würden unter Berücksichtigung der Informationen aus dem Zeitungsartikel. Halten Sie Ihre Ergebnisse auf einer Pappe fest, die im Anschluss im Plenum vorgestellt wird.
4. Setzen Sie die Sekundärforschung fort, indem Sie sich weitere Artikel bzw. Informationen zum Thema Backen einholen. Weitere Quellen finden Sie entweder in aktuellen Zeitungen und Zeitschriften in Ihrer Bibliothek oder aber Ihr Lehrer stellt Ihnen Material zur Verfügung, das Sie auswerten können.
5. Warum ist neben der Sekundärforschung die Primärforschung von großer Bedeutung?
6. Machen Sie Vorschläge, was die Abteilungsleiter im Rahmen der Primärforschung für Ambiente unternehmen können, um Informationen über die Akzeptanz der geplanten Erweiterung des Sortiments durch die neue Warenwelt „Rund ums Backen – ökologisches/ökonomisches Backen" zu erhalten.

◆ **Problematik mit eigenen Worten:**

◆ **Zusammenfassung der wichtigsten Informationen des Zeitungsartikels:**

◆ **Warenwelt „Rund ums Backen – ökologisch/ökonomisches Backen"**

| Handlungsorientierte Arbeitshefte für den Einzelhandel | Ambiente GmbH | Marketing | Fallsituation 4 |

◆ **Warum ist neben der Sekundärforschung die Primärforschung von großer Bedeutung?**

◆ **Vorschlag für die Abteilungsleiter:**

Nachdem die Abteilungsleiter ausreichend Informationsmaterial zum Thema Backen gesammelt und ausgewertet haben, beschließen sie schließlich, Primärforschung zu betreiben. Im Rahmen der Primärforschung entscheiden sie sich für die Befragung der Konsumenten.

Arbeitsauftrag:
1. Welche Ergebnisse erhoffen sich die Abteilungsleiter durch die Ergebnisse der Primärforschung?
2. Erklären Sie die Bedeutung und die Vorteile von offenen und geschlossenen Fragen.
3. Führen Sie mit Ihrer Klasse eine persönliche Befragung durch, deren Ergebnis im Anschluss der Befragung ein vollständiges Bild darüber gibt, ob und inwieweit die Konsumenten eine Warenwelt „Rund ums Backen – ökologisches/ökonomisches Backen" in einem Warenhaus annehmen und welche Artikel sie dort platziert haben möchten. Hierzu benötigen Sie einen geeigneten Fragebogen.

   Folgendes Vorgehen könnte z. B. bei der Erstellung des Fragebogens helfen:
   - Die Klasse teilt sich in Kleingruppen auf (⇨ *Gruppenarbeit* [40]).
   - Jede Gruppe überlegt sich Fragen, die sie den Konsumenten in der Stadt bei einer persönlichen Befragung stellen könnten (⇨ *Erkundung, Interview und Sachverständigenbefragung* [7]).
   - Jede Frage wird auf eine Pappe geschrieben.
   - Nach der Gruppenarbeit befestigt jede Gruppe ihre Fragen untereinander an der Wand. Die Fragen der verschiedenen Gruppen sollten zwecks besserer Übersicht möglichst nebeneinander hängen.
   - Die folgenden Schritte sollten im Plenum durchgeführt werden.
   - Die Fragen werden vorgestellt.
   - Im nächsten Schritt werden die doppelten Fragen entfernt.
   - Die verbleibenden Fragen können nun in eine logische Reihenfolge gebracht werden.
   - Bei der Systematisierung sollte über jede Frage abgestimmt werden, inwieweit sie geeignet erscheint Antworten zugeben, die in unserem Fall von Bedeutung sind.

**Fallsituation 4** Marketing — Ambiente GmbH

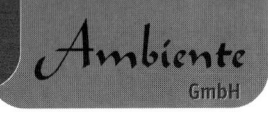

- Alle Schüler/Schülerinnen sollten die Fragen in ihr Heft übertragen.
- Ein Schüler/eine Schülerin müsste sich bereit erklären den Fragebogen zu Hause eventuell mithilfe des Computers zu erstellen.
- Der fertig gestellte Fragebogen muss mehrfach kopiert werden.
- Nun können die Schüler/Schülerinnen in Kleingruppen in die Stadt gehen, um dort vor Ort die Konsumenten zu befragen.
- Nach einer vorher vereinbarten Zeit trifft sich die Klasse wieder im Klassenraum.
- Dort findet dann die Auswertung der Fragebogen statt.

4. Schreiben Sie ein Gutachten über Ihre Befragungsergebnisse.
5. Berichten Sie von Ihren Erfahrungen, die Sie bei der persönlichen Befragung in der Stadt gesammelt haben.

◆ Ergebnisse durch die Primärforschung:

◆ Bedeutung von

| offenen Fragen: | geschlossenen Fragen: |
|---|---|

◆ Vorteile von

| offenen Fragen: | geschlossenen Fragen: |
|---|---|

◆ **Fragebogen**

# Fallsituation — Marketing — Ambiente GmbH

◆ **Gutachten:**

◆ **Erfahrungen bei persönlicher Befragung in der Stadt:**

Nach Beendigung der Primärforschung treffen sich die Abteilungsleiter erneut, um ihre Ergebnisse zusammenzutragen. An einem konkreten Beispiel wurde ihnen jetzt demonstriert, zu welchem Zweck die Marktforschung eingesetzt wird und wie in diesem Zusammenhang vorgegangen werden sollte. Alle Abteilungsleiter erhalten schließlich die Aufgabe für eine der anderen geplanten Sortimentsveränderungen eine komplette Marktforschungsstudie durchzuführen.

**Arbeitsauftrag:**

1. Entwickeln Sie eine weitere Marktforschungsstudie für eine Sortimentsveränderung Ihrer Wahl in der Art, wie sie dies bisher kennen gelernt haben. Präsentieren Sie Ihre Studie der Klasse (⇨ *Präsentation* [16]). Für das Vortragen könnte ein Mind-Map behilflich sein (⇨ *Mind-Map* [35]).

◆ **Marktforschungsstudie:**

# Fallsituation 5: *Kundendienst- und Konditionenpolitik*
## *– Der Kunde ist der König –*

Die Marketingleiterin Bärbel Knobbe stößt bei ihrer Suche nach weiteren Informationsmaterialien in Bezug zur Verbesserung der Absatzsituation des Warenhauses auf einen Artikel aus einer aktuellen Zeitschrift. Nachdem sie ihn ausführlich studiert hat, wird ihr klar, dass auch Ambiente im Bereich der Konditionen- und Kundendienstpolitik noch einiges verbessern muss, um die Kunden langfristig noch fester an das Warenhaus zu binden. Auf jeden Fall weiß sie, dass sie alles tun will, um zu verhindern, dass es über Ambiente auch einmal solch negative Schlagzeilen in einer Zeitung geben wird. Um einen besseren Überblick über die bisherige Situation der Serviceleistungen zu erhalten, listet Bärbel Knobbe zunächst einmal alle Dienstleistungen, die Ambiente anbietet, auf. Danach sucht sie weitere Möglichkeiten an Kundendienst- und Konditionenleistungen, die bei Ambiente langfristig eingeführt werden könnten. Nachdem sie sich ein Konzept zusammengestellt hat, geht sie zum Chef, um ihm über ihre Idee zu berichten.

**Text:**
Der Kunde ist König der Dumme
Störenfried Kunde
Mitarbeit: Rupp Doinet, Jürgen Kurth, Elfriede Roth
aus: Stern 21/96, S. 56-66

### Arbeitsauftrag:

1. Definieren Sie die Begriffe Konditionenleistungen und Kundendienstleistungen (⇨ *Definieren* [31]).
2. Erstellen Sie eine Liste mit den bislang angebotenen Dienstleistungen von Ambiente. Unterteilen Sie diese Dienstleistungen nach Kundendienst- und Konditionenleistungen.
3. Lesen Sie den Artikel durch. (⇨ *Aktives Lesen* [1]).
4. Fassen Sie die wichtigsten Aspekte des Textes zusammen.
5. Sammeln Sie im Plenum in einem Brainstorming weitere mögliche Dienstleistungen, die Ambiente zukünftig anbieten sollte. Erklären Sie die Ziele, die durch deren Einsatz verfolgt werden (⇨ *Brainstorming* [33]).
6. Unterscheiden Sie alle die Kundendienstleistungen, die Ambiente zukünftig anbieten kann nach warenbezogenen, kundenbezogenen und zahlungsbezogenen Dienstleistungen.
7. Überprüfen Sie unter Kostengesichtspunkten, inwieweit die von Ihnen gewählten Dienstleistungen ohne Probleme eingeführt werden können. Beschreiben Sie etwaige Probleme durch die Einführung von bestimmten Dienstleistungen und begründen Sie diese.
8. Welche Bedeutung haben Dienstleistungen in der heutigen Zeit für die Einzelhandelsbetriebe?
9. Vergleichen Sie Ihre Ergebnisse mit denen Ihrer Mitschüler.
10. Zählen Sie alle Dienstleistungen auf, die Ihr Unternehmen anbietet. Berichten Sie ausführlich darüber. Soweit diese nicht alle bekannt sind, informieren Sie sich in Ihrem Betrieb über das Angebot.

**Fallsituation 5** | **Marketing** — Ambiente GmbH

Deutschland ist eine Dienstleistungs-Wüste: Trotz vielen Arbeitsloser wird Service immer noch vernachlässigt

# STÖRENFRIED KUNDE

## Der Kunde ist der Dumme König

**Früher Ladenschluss · Schlechter Service**

Quelle: Stefan Pielow „Agentur Focus, Hamburg

Die Verbraucher klagen über unfreundliche Verkäufer, miesen Service, schlechte Beratung und unzuverlässige Handwerker. Dabei gilt der Dienstleistungsbereich als Zukunftsbranche, in der Millionen neue Arbeitsplätze geschaffen werden könnten.

*Von Marlies Prigge*

Als Heinz Harms, 73, mit seiner Frau nach Travemünde umzog, gönnten sie sich eine neue Einrichtung. Für über 40.000 Mark kauften sie bei Möbel-Unger ein – mit gutem Gefühl: „Da haben unsere Eltern schon gekauft."

Dann kam die große Enttäuschung. Die neuen Möbel kamen nassgeregnet und beschädigt an. Die Türen der Schränke passten nicht, Tischplatten waren angebrochen. Ein Schrankteil, Spiegelrückwand und Griffe fehlten völlig. Familie Harms musste fast ein Jahr auf die Nachlieferung einzelner Teile warten.

Schlimmer noch: Bei Möbel-Unger fühlte sich keiner für den selbstverständlichen Anspruch der Kunden auf einwandfreie Ware zuständig. Monatelang rief Heinz Harms immer wieder an, wurde vertröstet, an die Hauptstelle verwiesen die auf seine Klagen aber nicht reagierte. Erst als er einen Anwalt einschaltete, bequemte sich die Firma zur Nachbesserung.

Hinterher hingen die Schranktüren gleich wieder schief in den Angeln, und Frau Harms hatte beim Staubwischen Kitt vom Aufarbeiten im Tuch. Ihr Mann hat resigniert: „Ich musste mir sagen lassen, wir müssten von unseren Qualitätsvorstellungen Abschied nehmen. So etwas gebe es heute nicht mehr."

Teuer bezahlten Schrott akzeptieren, sich unfreundlich behandeln zu lassen, vertröstet, belogen und betrogen zu werden – und dabei immer schön dankbar zu sein: Man muss den Hang zum Masochisten haben, um als Kunde in Deutschland glücklich zu werden. Im Lande der Dichter, Denker und Autobauer ist die Qualität der Dienstleistungen nach allen einschlägigen Statistiken unteres Niveau. Der Kunde gilt meist als Störenfried, er soll das Maul halten und zahlen.

Aber nicht mal das ist immer leicht. Ein Supermarkt in München: Von drei Seiten belagern genervte Kunden die einzige besetzte Kasse. Derweil kleben zwei Angestellte an der Jogurt-Theke ungerührt Preisetiketten auf die Becher. Könnte sich nicht wenigstens eine der Damen mit an die Kasse setzen? „Sie sehen doch, wir sind beschäftigt!"

Eine Fleischerei in Düsseldorf: „Wir haben die Maschine schon geputzt", wimmeln Verkäuferinnen einen Mann ab, der kurz vor Ladenschluss noch Wurst geschnitten haben möchte.

Ein Gartenlokal in Hamburg: „Draußen gibts nur Ännchen", raunzt der Kellner Gäste an, die den Blick auf die Alster bei einer Tasse Kaffee genießen wollen.

„Was die Leute vor allem nervt, ist die alltägliche Unfreundlichkeit und der seelenlose Bürokratismus", sagt Prof. Carl-Heinz Moritz von der Stiftung Warentest. Wo der Service auffallend gut sei, komme die Idee meistens aus Amerika. Beispiele: McDonald's, United Parcel Service, Kurierdienste.

© Winklers Verlag · Gebrüder Grimm · Darmstadt

Natürlich gibt es auch viele Kunden, die missgelaunt und nörglerisch sind. und unzählige Verkäuferinnen oder Vertreter, die freundlich und kompetent sind. Doch die Mehrheit der Verbraucher fühlt sich oft schlecht beraten und schlecht bedient.

Ein Manifest der Kundenfeindlichkeit ist das starre Ladenschlussgesetz, um das derzeit im Bundestag gerungen wird. „Lieber feiern und saufen, als bis 22 Uhr verkaufen", stand auf einem Plakat, das Gewerkschafter bei einer Demonstration in Bonn ungeniert zur Schau trugen. Die „Süddeutsche Zeitung" fragte jetzt zurück: „Ist es gerecht und solidarisch, dass 31 Millionen Beschäftigte sich um 17:45 Uhr in den Gängekampf ums tägliche Brot begeben müssen, damit 2,8 Millionen andere Beschäftigte um 18:30 Uhr die Kasse zuklappen können?"

## „Lieber feiern und saufen, als bis 22 Uhr verkaufen"

Das amerikanische Nachrichtenmagazin „Newsweek" brachte „die deutsche Krankheit" unlängst in einer Titelgeschichte auf den Punkt: „Die Arbeitslosigkeit erreicht Rekordhöhe, aber man kann sonntags noch immer keine Milch kaufen." Neben den Ladenschlusszeiten fiel den US-Reportern vor allem die pampige Bedienung auf. Fazit von „Newsweek": „Sie wollen Service? Versuchen Sie es lieber in Japan."

Während überall auf der Welt akzeptiert wird, dass bei Jobs im Servicebereich die Zufriedenheit der Kunden oberstes Ziel ist, wird in Deutschland das Bedienen häufig als Erniedrigung angesehen. Und die muss gerächt werden – durch bewusst zur Schau getragene Ignoranz, durch Abwimmeln oder gehöriges Zurechtstutzen des Kunden.

Der ist vielerorts nicht König, sondern Bettler und er darf ruhig warten, warten, warten. Sie haben morgens um neun einen Arzttermin? Nehmen Sie sich besser gleich den ganzen Vormittag frei. Sie möchten einen Kleiderschrank geliefert bekommen? Das Karstadt Möbelhaus in Hamburg nennt nur den Tag, keine Uhrzeit. Kunden werden schriftlich ermahnt, ja nicht rückzufragen. Es sei sinnlos.

Die Münchnerin Monika Stranz, 45, verlor zwei Urlaubstage und die letzten Nerven bei dem Versuch jemanden zu finden, der ihre Tiefkühltruhe repariert. Als sie von der Arbeit nach Hause kam und sich auf ein Eis freute, hatte das Gerät, ein zwölf Monate alter „Whirlpool Kühl-Gefrierkombi" für 899 Mark, einen Totalausfall. Die eisigen Träume waren zerflossen, die Küche stank, weil alle Lebensmittel aufgetaut und etliches schon verdorben war.

Mehr als zehn Anrufe waren nötig, um den Kundendienst der Firma Whirlpool zu aktivieren. Dann kam ein Techniker, stellte einen Thermostatschaden fest und verkündete, das Teil müsse bestellt werden. Wochen vergingen. Endlich gelang es Monika Stranz telefonisch bis zur Whirlpool-Geschäftsleitung vorzudringen: „Die Zentrale sagte immer, damit dürfe sie nicht verbinden." Drei Tage später, 22 Tage nach der ersten Meldung, erschien wieder ein Techniker und reparierte.

Allerdings nur für sechs Stunden, dann begann die große Abschmelze von vorn – und das Telefonieren. Immerhin zeigte sich Whirlpool kulant, zahlte für eine Kühlbox und die verdorbenen Lebensmittel und verlangte nichts für die Reparatur. Monika Stranz: „Es war ein Horrortrip."

Deutschland ist eine Servicewüste, so der Management-Professor Hermann Simon – was angesichts von vier Millionen Arbeitslosen besonders absurd erscheint: Nirgendwo sonst lassen sich so viele Jobs schaffen wie im Dienstleistungsbereich. 7,5 Millionen sind dort seit 1960 bereits entstanden. Weitere vier Millionen könnten nach Ansicht von Experten rasch dazukommen, angefangen von einfachen Hilfsarbeiten bis hin zu hoch qualifizierten Tätigkeiten. Das wären etwa so viel neue Arbeitsplätze, wie es derzeit Arbeitslose gibt. Andere Länder haben es längst vorgemacht: Während in Deutschland erst 56,5 Prozent der Beschäftigten im Dienstleistungsbereich arbeiten, liegt die Quote im Jobwunderland USA, wo allein in der Clinton-Ära 8,4 Millionen neue Arbeitsplätze entstanden sind, bei 75 Prozent. In Kanada oder den Niederlanden sind es bald 80 Prozent.

Das Servicegewerbe sei ein „verborgener Schatz", meint das „Wall Street Journal". Wenn die Deutschen ihn heben würden, könnte er zum „neuen Beschäftigungsmotor" werden.

Sicher: Die Lohnkosten bei uns sind hoch, Service hat seinen Preis und viele kaufen dort, wo es am billigsten ist. Doch in der Dienstleistungsgesellschaft wird nur bestehen können, wer neben Qualität zu fairen Preisen auch fachkundige Beratung, reibungslosen Kundendienst und Kulanz bei Reklamationen bietet.

Einige deutsche Unternehmen haben die Zeichen der Zeit denn auch erkannt: Im ICE der Deutschen Bahn serviert der Schaffner zumindest in der 1. Klasse Kaffee und belegte Brötchen. Die Baumarktkette Obi, die 1995 einen Marketingpreis für ihre Servicekultur bekam, lädt samstags schon mal 50 Kunden zum Rundgang ein, um mit dem Marktleiter zusammen Schwachstellen zu finden, oder veranstaltet Heimwerkerkurse.

Beim Stuttgarter Warenhaus-Konzern Breuninger wird konsequent nach amerikanischem Servicestandard gearbeitet. „Ihr Arbeitgeber ist der Kunde", bleut Helmuth Bohnenstengel dort seinen Kollegen immer wieder ein. Zu den 30 Service-Angeboten zählen: fachkundige Kinderbetreuung, nach telefonischer Bestellung Shopping durch einen „Special-Service" mit anschließender Vorführung im Separee, anstandsloser Umtausch, großzügige Probier- und Zahlungsfristen für Stammkunden. Vom Avis-Führer wurden die Schwaben dafür zum besten Kaufhaus Deutschlands gekürt, noch vor dem Berliner KaDeWe, dem Münchner Ludwig Beck am Rathauseck und dem Carsch-Haus in Düsseldorf.

Budnikowsky, eine Hamburger Drogeriekette mit niedrigen Preisen, bietet

## Das Servicegewerbe ist ein „verborgener Schatz"

Kunden am Samstag – wie in Amerika – Einpackhilfe hinter der Kasse an. Wer für mehr als 100 Mark kauft, kann den kostenlosen Lieferservice in Anspruch nehmen. Telefonisch werden Tag und Uhrzeit abgestimmt. Beschwerden, Anregungen werden über ein kostenfreies Kundentelefon entgegengenommen.

In der „Max-Emanuel-Brauerei" in München-Schwabing darf der Gast sogar legal die Zeche prellen. „Die Preise sind nur Empfehlungen und dürfen auch unterschritten werden", ließ der Wirt Max Mittermeier auf die Speisekarten drucken. Seitdem bestimmt der Kunde, was ihm der Leberkäse wert ist. Ergebnis: drei Prozent Umsatzminus pro Essen, aber 20 Prozent mehr Besucher.

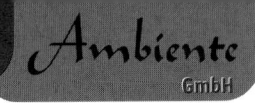

Doch das sind immer noch Ausnahmen von der Regel. Viele machen eher Erfahrungen wie die beiden Berliner Familien Schumacher und Schumann. Sie hatten bei dem Reiseunternehmen GTI-Travel eine Last-Minute-Reise für zehn Personen über Weihnachten in das Feriendorf Attaleia bei Antalya an der türkischen Riviera gebucht. Es wurde ein Horrortrip.

Erst verschob sich der Abflug um fast sieben Stunden, dann hieß es plötzlich: "Wir sind überbucht." Die Maschine flog ohne die Schumachers und Schumanns ab, aber mit dem Gepäck von fünf Familienmitgliedern, die bereits eingecheckt hatten. Nach Mitternacht kehrten die zwei Familien heim für einen kurzen Schlaf.

Am nächsten Morgen um sechs Uhr klappte es auf dem Flughafen weder mit dem versprochenen Ersatzflug, noch waren die Koffer zurück, wie angekündigt. Bis zum Nachmittag warteten die zehn vergebens auf eine andere Maschine, dann gaben sie erschöpft auf und kehrten erneut in die Wohnungen zurück. Zu Hause nichts zu essen, kein Weihnachtsbaum, Geschenke in den verschollenen Koffern. Schumacher/Schumann setzten sich in ihre Autos und verbrachten den Rest vom Urlaub in Büsum.

Drei Wochen später kam immerhin Post vom Rechtsanwalt: Seine Mandantin GTI-Travel bedauerte die erlittenen Unannehmlichkeiten, erstattete vorab den Reisepreis plus Taxikosten sowie eine Pauschale von 700 Mark und ließ ausrichten: "Aufgrund der Fehlbarkeit menschlichen Handelns kann es immer wieder vorkommen, dass Vorfälle wie der Ihrige auftreten."

Weniger einsichtig zeigte sich der Autokonzern Citroën. "Seine gesamte Technologie ist auf Langlebigkeit und Zuverlässigkeit ausgelegt. Damit gehört Ihr Citroën zum Anspruchsvollsten, was der Automarkt heute zu bieten hat" - so vollmundig werben die Franzosen für ihren XM 2.0 CT Break, gehobene Mittelklasse, Preis knapp 70.000 Mark.

Dieter Papenzin, 55, aus Köln hat zwei Jahre mit einem XM hinter sich. Schon nach 20 Tagen begann der Ärger: erster Werkstattaufenthalt, dem 17 weitere folgten. Vom ABS-Impulsgeber bis zu den Türdichtungen, vom Temperaturfühler bis zu den Schlauchschellen der Benzinleitung musste wieder und wieder repariert werden. Kommentar eines Mechanikers: "Sie können froh sein, dass Ihnen der Wagen nicht während der Fahrt explodiert ist."

Einen ersten Beschwerdebrief bügelte Citroën ab. Die leichten Mängel hauptsächlich in der Elektronik seien vollständig beseitigt worden. In einen Umtausch wollte der Konzern nicht einwilligen. Dieter Papenzin erhielt stattdessen das Angebot aus dem laufenden Kreditvertrag auszusteigen, ein neues Auto für 68.625 Mark zu kaufen, 10.000 Mark anzuzahlen und die Restsumme zu den alten Bedingungen zu finanzieren. Seine bisherigen Zahlungen von 27.000 Mark wären dabei unter den Tisch gefallen. "Höchst unseriös", findet Papenzin, "nie wieder Citroën." Ihn tröstet auch nicht, wenn ADAC-Fahrzeugtechniker Helmut Schmaler sagt: "Die Autos sind insgesamt besser geworden."

Das gilt für viele Produkte, die laufend getestet werden, bestätigt Peter Sieber von der Stiftung Warentest. Der Service dagegen habe in Deutschland ein ziemlich niedriges Niveau.

Bei den Handwerkern hat inzwischen das ganze Land resigniert. Schwarzarbeit und Do-it-yourself blühen, tüchtige polnische Helfer werden im Bekanntenkreis weitergereicht. Wen wunderts. Zwanzig Minuten brauchte ein Elektriker, um den Wäschetrockner der Berlinerin Anita Berger wieder in Gang zu setzen. Dann präsentierte er die Rechnung. Die Reparatur war fast 17-mal so teuer wie der Auslöser des Schadens, ein Thermostat für 10,90 Mark. Mit 66,40 Mark Arbeitswerten, 55,30 Mark Wegegeld, 18 Mark Kfz-Pauschale und Mehrwertsteuer belief sich die Rechnung auf 173,19 Mark. Zwei Wochen später war der Trockner wieder kaputt.

## Bei Handwerkern hat inzwischen das ganze Land resigniert

Auf dem Forum "Handwerk 2000" in Düsseldorf kritisierten Experten, mit der Auftragsabwicklung gebe es "Probleme", es mangele an "sinnvoller Kalkulation". Die Finanzplanung lasse meist zu wünschen übrig und führe zu "übermäßigen Belastungen". Das treibt die Preise in die Höhe. Auf die Stundenlöhne der Gesellen würden bis zu 200 Prozent aufgeschlagen. "Kundendienstmonteure" verlangten "bis zu 120 Mark die Stunde". Besonders gern wird hingelangt, wenn der Kunde in einer Notlage steckt. Jürgen Schröder von der Düsseldorfer Verbraucherzentrale hat das Geschäftsgebaren rheinischer Rohrreiniger durchleuchtet. Durchschnittlicher Stundenlohn: 450 Mark. "Immer weniger Leute sind bereit, nur für die Anfahrt 50 Mark zu bezahlen", sagt Schröder, "für das Geld kriegt man Pizza für die ganze Familie – frei Haus."

"Unfähig, faul, arrogant", fußt Jose Comas, 51, Bonner Korrespondent der spanischen Zeitschrift "El Pais", seine Erfahrungen mit Handwerk und Handel, Lufthansa und Telekom zusammen. Der Journalist erzählte seine Leiden in der Bremer Talkshow "Drei nach Neun", immer wieder von Lachern und Beifall unterbrochen.

Auf den Anschluss seines Telefons an eine vorhandene Leitung - in den USA eine Sache von zwei Stunden – musste er einen Monat warten; Begründung: "Alles braucht seine Bearbeitungszeit."

In seiner Küche sollte eine Waschmaschine installiert werden. Angegebener Montagepreis: 200 Mark. Ein Handwerker schaffte es auch nach Stunden nicht, die Maschine unter die Arbeitsplatte zu schieben. Da störe ein Heizkörper – ein Heizungsmonteur müsse kommen. Kosten für den Anschluss der Maschine, Standort Küchenmitte: 500 Mark.

Nach drei Monaten lag der Kostenvoranschlag für eine neue Heizung vor: 836 Mark. Da erbarmte sich ein Freund, entfernte ein Stück Leiste von der Arbeitsplatte und die Maschine stand auf ihrem Platz.

"Ich erlebe jeden Tag Beispiele für Kundenfeindlichkeit", sagt Comas. So funktionierte das Laufwerk seines Laptops nicht – noch in der Garantiezeit. Den Arbeitslohn für die Reparatur musste er trotzdem zahlen, 180 Mark die Stunde plus Steuer.

Sylvia Kazenmayer aus Besigheim kaufte sich im März 1995 einen Drucker, der alsbald ständig ausfiel. Am 2. Oktober lieferte sie ihn bei der Comptec-Filiale in Ludwigsburg ab: "Die haben gesagt, sie schicken ihn ein." Als sie nach vier Wochen nachfragte, hieß es, der sei jetzt in Amsterdam. Weitere Erkundigungen nützten nichts, immer wieder wurde sie lapidar abgespeist: "Dazu kann ich nichts sagen." Anfang des Jahres bekam sie endlich ein Ersatzgerät.

Als Sprachrohr verbitterter Kunden hat sich die RTL-Sendung "Wie bitte?!" etabliert. Tag für Tag landen bis zu 500 Briefe in der Redaktion. „Es wird eher schlimmer", sagt Birgit Rohloff, RTL-Pressesprecherin, „es gibt keine Einzelverantwortung mehr. Da schicken die Leute einen Pullover fünfmal zurück, und das Versandhaus liefert immer wieder eine zu kleine Größe – der Computer hat was Falsches registriert und da ist nicht wieder rauszukommen."

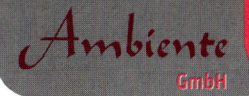

Kein Wunder, wenn „Das Deutsche Kundenbarometer" auf Sturm steht. Mit dieser Studie erforscht die „Deutsche Marketing Vereinigung e.V." in Düsseldorf einmal jährlich, wie zufrieden 38 000 Konsumenten mit Service, Angebot und Qualität in 42 verschiedenen Branchen sind. „Die Anzahl der Beschwerden ist um bis zu 20 Prozent gestiegen", sagt Jürgen Titius von der „Hotline" des Barometers in Bonn (Tel. 02 28/ 6 44 04 64). An erster Stelle der Minusliste stehen Versandhäuser (20 Prozent), dicht gefolgt von den „Stadt- und Kreisverwaltungen" (18 Prozent).

Längst ist bekannt, dass ein unzufriedener Kunde neun bis 15 anderen von seinem Ärger erzählt, dass es sechsmal mehr kostet, einen Neukunden zu gewinnen, als einen Stammkunden zu halten. Trotzdem kennen jeder fünfte Manager und zwei Drittel der Mitarbeiter die eigene Kundschaft nicht, ermittelte die Düsseldorfer Unternehmensberatung Droege & Comp. bei einer repräsentativen Umfrage in 804 Unternehmen. In 70 Prozent der Firmen gab es noch nicht einmal einen Servicestandard. Zwei Drittel der Unternehmen hatten keine Ahnung, wie viele Kunden wegen Unzufriedenheit abgesprungen waren, knapp 60 Prozent führten keine Gespräche mit den Abtrünnigen.

## „Wir stehen vor einer Revolution der Konsumenten"

Im Gegenteil. Reklamationen sind unerwünscht, wie Minoru Tominaga erfuhr, japanischer Unternehmensberater mit Arbeitsplatz in Düsseldorf. Seine Waschmaschine war defekt, die Servicenummer aber immer besetzt. Zornig fuhr er zur Kundendienststelle – bei zwei Telefonen lag der Hörer daneben. Wenn das Telefon den ganzen Tag klingelt, kann ich meine Arbeit nicht machen", sagte der Mitarbeiter.

Auch bei dem Kamerahersteller Minolta in seiner Heimat, so Tominaga, sei früher der Kundendienst überlastet gewesen. Seine Lösung: Vom Vorstand bis zum Buchhalter gingen alle ans Telefon, erfuhren so die Probleme der Kunden, hatten oft sogar Zeit für Rückfragen, ob es mit dem Service geklappt habe.

„In Japan sagt der Verkäufer danke, in Deutschland muss ich dankbar sein, dass ich überhaupt bedient werde", sagt Tominaga, „alle sind demotiviert, genervt, ohne Interesse. Der Kunde stört."

Doch dessen Geduld ist mittlerweile erschöpft, wie Bestsellerautor Günter Ogger vermutet: „Ich glaube, wir stehen vor einer massiven Veränderung, einer Revolution der Konsumenten. Die Leute haben es langsam satt, immer weniger für ihr Geld zu bekommen." Nachdem er Manager als „Nieten in Nadelstreifen" bloßgestellt und „Das Kartell der Kassierer" bei den Banken angeprangert hat, schreibt er nun ein Buch über „König Kunde – angeschmiert und abserviert". Darin will er zeigen, wie Handel und Industrie die Kunden misshandeln und betrügen, indem sie die Haltbarkeit von Produkten systematisch verringern oder so bauen, dass Reparaturen unmöglich sind.

Harald Eckelmann kann es bestätigen. Der 63-jährige hatte für 500 Mark einen Hochdruckreiniger der Firma Wap-Reinigungssysteme gekauft. Seine Garantie war gerade abgelaufen, als das Gerät nach der zwanzigsten Benutzung zwar noch funktionierte, aber Öl verlor. Eckelmann brachte es in die Hamburger Vertretung zur Reparatur. „Damit geben wir uns gar nicht ab", erfuhr er, „das schicken wir gleich zur Zentrale."

Von dort erhielt er die Nachricht, eine Reparatur lohne nicht mehr. Man biete ihm aber für 280 Mark plus Steuer ein repariertes Austauschgerät. Im Briefkopf war das Wort Angebot durch Kostenvoranschlag ersetzt. Sollte er auf das Angebot nicht eingehen, müsse er für den Kostenvoranschlag 30 Mark bezahlen.

Eckelmann wollte nicht kaufen und erhielt ein Paket mit seinem Reiniger zurückzerlegt in 47 Einzelteile.

Nach uns die Sintflut.

*Mitarbeit: Rupp Doinet, Jürgen Kurth, Elffriede Roth*

◆ **Definition: Konditionenleistungen und Kundendienstleistungen:**

**Fallsituation 5** — Marketing — Ambiente GmbH

◆ **Bislang angebotene Dienstleistungen bei Ambiente:**

| Kundendienstleistungen: | Konditionenleistungen: |
|---|---|
|  |  |

◆ **Die wichtigsten Aspekte des Textes:**

◆ **Weitere Dienstleistungen, die Ambiente zukünftig anbieten könnte:**

◆ Ziele durch ihren Einsatz:

◆ Bisherige und zukünftige Kundendienstleistungen. von Ambiente unterteilt nach:

- warenbezogenen Dienstleistungen:

- kundenbezogenen Dienstleistungen:

- zahlungsbezogenen Dienstleistungen:

◆ Welche Bedeutung haben Dienstleistungen in der heutigen Zeit für die Einzelhandelsbetriebe?

**Fallsituation 5** — Marketing — *Ambiente GmbH*

Bärbel Knobbe bittet Herrn Müller um ein Gespräch, bei dem sie ihr neues Konzept der Kunden- und Konditionenpolitik für das Warenhaus Ambiente vorstellen möchte. Herr Müller zeigt sich nach der Vorstellung von diesem Konzept überzeugt, äußert jedoch folgende Einwände:

*Herr Müller:* Frau Knobbe, ich finde Ihr Konzept ausgesprochen gut. Gerade in unserem Servicebereich ist noch eine Menge Potenzial drin, dort können wir unsere Unternehmensstrategie wesentlich verbessern. Mittlerweile ist auch allen klar geworden, dass unser Kunde der König ist. Wir müssen berücksichtigen, dass nicht der Umsatz das Wichtigste ist, sondern der Kunde. Der Umsatz kommt bei der richtigen Kundenbetreuung dann von ganz allein. Dennoch sehe ich noch ein Problem.

*Frau Knobbe:* Worin sehen Sie das Problem? Etwa in der Einführung neuer Kundendienstleistungen?

*Herr Müller:* Nein, dort nicht. Ich glaube, dass größte Problem liegt in der Motivation unserer Mitarbeiter, damit auch sie den Kunden als König sehen. Es reicht doch nicht, dass wir viele neue Serviceleistungen anbieten, um unseren Kunden etwas Besonderes anzubieten, wenn die Kundenbetreuung durch unser Personal nicht dieser Sichtweise entspricht.

*Frau Knobbe:* Stimmt, da haben Sie Recht. Ich beobachte auch manches Mal, wie unmotiviert manche Verkäuferinnen oder Verkäufer zum Teil herumlaufen. Bei uns wird zwar verstärkt darauf geachtet, dass das Personal freundlich und zuvorkommend zu den Kunden ist, aber wie das so ist, kommt es schon mal vor, dass ein Mitarbeiter vergisst, dass sein Kunde eigentlich sein Arbeitgeber oder aber auch sein Gast ist.

*Herr Müller:* So sehe ich das auch. Daher habe ich mir überlegt, dass ich eine Mitarbeiterschulung für das gesamte Personal durchführen lasse. Dort sollen unsere Leute fit gemacht werden, sodass sie motiviert werden, den Kunden als König zu sehen. Das gilt übrigens nicht nur für den Verkauf, sondern für den gesamten Servicebereich. Der Kunde steht im Mittelpunkt aller Betrachtungen. Das müssen wir alle lernen. Ich habe selbst kürzlich eine Managementschulung mitgemacht. Dort hat man uns über unseren heutigen Kunden, über seine Bedürfnisse und Erwartungen, aufgeklärt. In diesem Zusammenhang denke ich gerade über eine Umsatzbeteiligung bei unserem Personal nach. Was halten Sie denn davon?

*Frau Knobbe:* Die Idee finde ich wirklich gut. Wenn alle am gesamten Umsatz etwas beteiligt werden, dann werden sie natürlich versuchen diesen zu erhöhen. Ich glaube, dass dann jeder sein Bestes geben wird, um den Kunden zufrieden zu stellen. Um aber noch mal auf die Mitarbeiterschulung zu kommen. Wie haben Sie sich diese denn vorgestellt?

*Herr Müller:* Darüber habe ich schon nachgedacht. Ein Freund von mir führt solche Seminare durch. Er hat mir schon erklärt, was er in einer solchen Schulung so machen würde.

*Frau Knobbe:* Erzählen sie doch mal. Das würde mich sehr interessieren.

*Herr Müller:* Also, zunächst sagte er, ist es wichtig, dass alle unsere Mitarbeiter erfahren müssen, welche Bedürfnisse und Erwartungen die Kunden heutzutage haben und welche ihnen davon am wichtigsten sind. Dann muss herausgestellt werden, wie gut Ambiente diese Bedürfnisse und Erwartungen unserer Kunden erfüllt. Weiterhin müssen wir unsere Konkurrenz beobachten, um zu erfahren inwieweit diese die Bedürfnisse und Erwartungen erfüllt. Schließlich müssen wir erfahren, wie wir über unser Minimum hinausgehen können, um unsere Kunden zufrieden zu stellen und zu begeistern. Ich habe meinen Freund schon beauftragt diese Erkundungen für Ambiente durchzuführen, um in der Schulung über die Ergebnisse zu berichten. Ich glaube schon, dass das unsere Mitarbeiter interessieren wird. Bei der Schulung werde ich auch die Idee mit der Umsatzbeteiligung ansprechen. Mal sehen, was unsere Leute von dieser Idee halten.

*Frau Knobbe:* Ich bin ja mal gespannt auf die Schulung.

**Handlungsorientierte Arbeitshefte für den Einzelhandel** — Ambiente GmbH — Marketing — Fallsituation 5

Arbeitsauftrag:

1. Beschreiben Sie das Problem, das in dem Gespräch zwischen Frau Knobbe und Herrn Müller angesprochen wird.
2. Führen Sie eine Umfrage durch (⇨ *Erkundung, Interview und Sachverständigenbefragung* [7]), bei der Sie ermitteln, welche Bedürfnisse und Erwartungen die Kunden an ein Warenhaus haben und welche ihnen davon am wichtigsten sind.
   - Erstellen Sie hierfür zunächst einen geeigneten Fragebogen.
   - Führen Sie die Befragung in der Stadt durch.
   - Werten Sie die Ergebnisse in der Klasse aus.
3. Vergleichen Sie die Ergebnisse mit der Realität in einem Ihnen bekannten Warenhaus.
4. Ziehen Sie mithilfe der Ergebnisse Konsequenzen für unser Warenhaus Ambiente. Beziehen Sie sich hierbei auch auf das Gespräch zwischen Herrn Müller und Frau Knobbe.
5. Welche Vorteile sehen Sie in der geplanten Umsatzbeteiligung der Mitarbeiter?

◆ Problem, das in dem Gespräch zwischen Frau Knobbe und Herrn Müller angesprochen wird:

◆ Fragebogen:

**Fallsituation 5**  Marketing

◆ **Vergleich der Ergebnisse mit der Realität eines bekannten Warenhauses:**

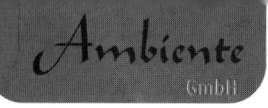

◆ **Konsequenzen für unser Warenhaus Ambiente:**

◆ **Welche Vorteile sehen Sie in der geplanten Umsatzbeteiligung der Mitarbeiter?**

# Fallsituation 6: *Sonderveranstaltung oder Sonderangebot?*

Die Verantwortlichen von Ambiente haben nunmehr beschlossen einige der Warenbereiche ganz aus dem Sortiment zu eliminieren, dafür aber neue Warenbereiche, deren Produkte den Trend von heute und morgen darstellen, aufzunehmen. Durch diese Sortimentsbereinigung bzw. Sortimentserneuerung und durch die geplante Gestaltung der Warenbereiche in Warenwelten erhoffen sie sich mittelfristig eine Umsatz- bzw. Gewinnerhöhung, aber auch eine Verbesserung des Images. Außerdem soll mit den geplanten Modernisierungsmaßnahmen die Konkurrenzfähigkeit langfristig gestützt werden. Zu diesem Zweck wurde ebenfalls beschlossen weitere Dienstleistungen bei Ambiente anzubieten, die einen noch größeren Nutzen für den Kunden bedeuten. Das aktuelle Motto bei Ambiente lautet:

- Alles unter einem Dach
- Der Kunde/die Kundin ist der König/die Königin
- Warenpflege wird groß geschrieben

Aufgegeben wird unter anderem der Warenbereich Möbel, wodurch ein ganzes Haus für neue, modernere Warenbereiche bereitgestellt werden kann. Die Aufgabe des Warenbereiches Möbel ist leicht zu erklären. Immer mehr Möbelfachmärkte entstehen auf der grünen Wiese. Gegen Ikea, Porta, Möma oder die vielen anderen großen Märkte ist Ambiente aus verschiedenen Gründen nicht konkurrenzfähig. Daher hat es sich Ambiente zur Aufgabe gemacht, die Warenbereiche zu fördern bzw. neu zu bilden, mit deren Verkauf sie das Gesamtkonzept des Warenhauses stärken. Ausgebaut werden nun die Warenbereiche, die bislang sehr gut laufen. Auch der umsatzschwache Bereich Lampen wird aufgegeben. Besondere Lampen und hochwertige Kleinmöbel sollen in der Warenwelt „Schöner Wohnen" weiterhin verkauft werden. Bei diesen Artikeln wird es sich aber nur um ausgesuchte Stücke handeln, die der Warenwelt entsprechen.

Bevor die Umgestaltungsmaßnahmen eingeleitet werden können, müssen allerdings alle Artikel, die sich noch im Verkaufs- bzw. Reservelager befinden, verkauft werden. An einem Mittwoch, Anfang Juli, treffen sich Herr Müller und seine Abteilungsleiter, um zu beschließen, wie sie den Abverkauf der Restbestände organisieren können. Während der Besprechung entwickelt sich eine heftige Diskussion über geeignete Verkaufsmaßnahmen. Herr Hansen von der Lagerabteilung plädiert auf einen 4- bis 6-wöchigen Räumungsverkauf, Frau Knobbe will eher eine Sonderangebotsaktion starten, bei der alle Artikel der Warenbereiche Möbel und Lampen zu besonders günstigen Preisen angeboten werden. Herr Schindewolff spricht sich gegen den Räumungsverkauf aus, da er den nahenden Sommerschlussverkauf sieht und diesen einfach um drei Wochen vorziehen würde. Nach der sehr kontroversen Diskussion meldet sich Herr Müller zu Wort.

*Herr Müller:* Ich weiß nicht, meine Damen und Herren, ob eine der aufgezählten Maßnahmen realisierbar ist. Mir ist bekannt, dass verschiedene Gesetze und Vorgaben solche Sonderangebote sowie Sonderveranstaltungen in einem bestimmten Rahmen halten. Daher sollten wir uns zunächst über die gesetzlichen Bestimmungen der Sonderaktionen informieren. Ich bitte jeden Einzelnen von Ihnen eine Aufgabe zu übernehmen. Wir treffen uns wieder, wenn Sie über die benötigten Informationen verfügen.

**Arbeitsauftrag:**

1. **Definieren Sie die folgenden Begriffe ausführlich (⇨ *Definieren* [31]):**
   - **Sonderangebot**
   - **Sonderveranstaltung**
2. **Bilden Sie in Ihrer Klasse drei gleich große Gruppen (⇨ *Gruppenarbeit* [40]). Untersuchen Sie arbeitsteilig die folgenden Sonderveranstaltungen:**
   - **Sommerschlussverkauf/Winterschlussverkauf**
   - **Räumungsverkauf**
   - **Jubiläumsverkauf**

**Fallsituation 6** | **Marketing**

nach folgenden Merkmalen:
- **Zweck/Grund**
- **Termin/Dauer**
- **Voraussetzung**
- **Erlaubt**
- **Verboten**
- **Besonderheiten**
- **Besondere Angaben**

**Nutzen Sie für die Lösung der Aufgabe folgende Quellen:**
- **UWG § 7 und § 8**
- **Lehrbuch**
- **Materialien des Lehrers**

Jede Gruppe übernimmt die Untersuchung einer Sonderveranstaltung. Nach der Gruppenarbeitsphase sollen die Ergebnisse jeder Gruppe den übrigen Mitschülern vorgestellt werden. Hierzu ist die Präsentation an einer Wandzeitung, auf der die Ergebnisse gegenübergestellt werden können, geeignet.

Übertragen Sie dann die gesamten Ergebnisse in Ihr Arbeitsheft.

Aus jeder Gruppe soll nun ein Mitglied die Ergebnisse einer anderen Gruppe kurz wiederholen.

3. Nehmen Sie Stellung zu der kontroversen Diskussion zwischen den Abteilungsleitern in dem Dialog.

◆ **Sonderangebot:**

◆ **Sonderveranstaltung:**

|  | SSV/WSV | Räumungsverkauf | Jubiläumsverkauf |
|---|---|---|---|
| • Zweck/ Grund | | | |
| • Termin/ Dauer | | | |
| • Voraus- setzung | | | |
| • Erlaubt | | | |
| • Verboten | | | |
| • Besonder- heiten | | | |
| • Besondere Angaben | | | |

◆ **Stellungnahme zum Dialog:**

# Fallsituation 7: *Kalkulation der Ware*

Die Gestaltung einer Warenwelt „Rund ums Backen" ist bei Ambiente beschlossene Sache. Insgesamt erhofft sich die Geschäftsleitung mit der Umgestaltung einzelner Abteilungen zu Warenwelten neben einer positiven Imagesteigerung auch eine erhebliche Umsatzerhöhung. Innerhalb einer Warenwelt sollen Artikel bzw. Warengruppen zusammengefasst werden, die thematisch zusammengehören. In der Warenwelt „Rund ums Backen" werden dann z. B. Artikel des Warenbereiches Lebensmittel angeboten, die zum Backen benötigt werden. Weiterhin sollen zu dieser Warenwelt Küchengeräte aller Art, die das Backen erleichtern, verkauft werden. Schließlich gehören auch Textilien und Kurzwaren (Schürzen und Topflappen) sowie Backbücher in das Sortiment der Warenwelt „Rund ums Backen". Einige der Artikel, die in der Warenwelt integriert werden sollen, wurden bislang im Sortiment von Ambiente nicht geführt. Daher ist es zunächst Aufgabe der Abteilung Beschaffung, einen geeigneten Lieferanten für die entsprechenden Artikel auszusuchen, um dann diese Artikel zu bestellen. Auch der Brotbäcker kommt neu in das Sortiment hinzu. Nachdem die Beschaffungsabteilung den geeigneten Lieferanten für den Brotbäcker gefunden hat, werden dort 100 Stück zu einem Listenpreis von 145,00 DM/Stück geordert. Durch die Bestellung von 100 Stück wird Ambiente 8 % Rabatt gewährt, bei sofortiger Bezahlung ebenfalls 2 % Skonto eingeräumt. Die Kosten für Verpackung und Beförderung belaufen sich momentan auf 9,27 DM/Stück. Ambiente kalkuliert für diese Art von Artikeln einen Handlungskostenzuschlag von 35 % sowie einem Gewinnzuschlag von 10 %. Der Mehrwertsteuersatz beträgt momentan 15 %. Nun ist es Aufgabe der Abteilung Absatz, den Bruttoverkaufspreis für den neuen Artikel zu errechnen. Mithilfe eines Kalkulationsschemas kann dieser leicht ermittelt werden.

## Kalkulationsschema:

**Beschaffung der Ware**

    Listenpreis
./. Rabatt

= Zieleinkaufspreis
./. Skonto

= Bareinkaufspreis
+ Bezugskosten

= Bezugspreis

**Verkauf der Ware**

    Bezugspreis
+ Handlungskostenzuschlag

= Selbstkostenpreis
+ Gewinnzuschlag

= Nettoverkaufspreis
+ Mehrwertsteuer

= Bruttoverkaufspreis

**Arbeitsauftrag:**

1. **Definieren Sie die unten stehenden Begriffe und erklären Sie, welche Bedeutung diese jeweils für die Kalkulation haben (⇨ *Definieren* [31]).**
2. **Sollten Sie Schwierigkeiten beim Rechnen des Dreisatzes und der Prozentrechnung haben, dann wiederholen Sie beides, bevor Sie an die folgende Aufgabe gehen.**
3. **Ermitteln Sie den Bruttoverkaufspreis/Stück mithilfe der Informationen aus dem Text.**

◆ Rabatt:

◆ Skonto:

◆ Bezugskosten:

◆ Bezugspreis:

◆ Handlungskosten:

**Fallsituation 7** Marketing

◆ **Gewinn/Gewinnzuschlag:**

◆ **Mehrwertsteuer:**

◆ **Handelsspanne:**

◆ **Kalkulationszuschlag:**

◆ **Beschaffung des Brotbäckers**

| Listenpreis |
|---|
| ./. Rabatt |
| = Zieleinkaufspreis |
| ./. Skonto |
| = Bareinkaufspreis |
| + Bezugskosten |
| = Bezugspreis |

◆ **Verkauf des Brotbäckers**

| Bezugspreis |
|---|
| + Handlungskostenzuschlag |
| = Selbstkostenpreis |
| + Gewinnzuschlag |
| = Nettoverkaufspreis |
| + Mehrwertsteuer |
| = Bruttoverkaufspreis |

Für einen Keramikbrotbehälter, der ebenfalls neu in die Warenwelt „Rund ums Backen" aufgenommen werden soll, beträgt der Nettoverkaufspreis 48,50 DM/Stück. Die Handelsspanne beläuft sich auf 85 %. 15 % Mehrwertsteuer sind ebenfalls zu berücksichtigen.

**Arbeitsauftrag:**

1. Ermitteln Sie den Bezugspreis, den Bruttoverkaufspreis sowie den Kalkulationszuschlag des Keramikbrotbehälters.

◆ **Bezugspreis**

|   | Bezugspreis |
|---|---|
| + | Kalkulationszuschlag |
| = | Nettoverkaufspreis |
| + | Mehrwertsteuer |
| = | Bruttoverkaufspreis |

Frau Knobbe kann sich nicht entscheiden, ob sie den Artikel wirklich zu dem Bruttoverkaufspreis auszeichnen soll. Ihr schweben derzeit noch andere Preise durch den Kopf.

55,99 DM          59,50 DM          54,20 DM          58,98 DM          60,49 DM

55,00 DM          57,57 DM                                                      54,90 DM

**Arbeitsauftrag:**

1. Sie sollen sich bei der Preisfestlegung für einen der Preise entscheiden. Zu welchem Preis würden Sie den Keramikbrotbehälter auszeichnen? Begründen Sie Ihre Entscheidung.
2. Welche Bedeutung hat die psychologische Preisschwelle in diesem Zusammenhang?

◆ **Preis/Psychologische Preisschwelle:**

# Fallsituation 8: *Planspiel Preispolitik*

Nachdem das Warenhaus Ambiente aus Gründen der Umsatz- und Gewinnerhöhung sowie der Steigerung des Images einer kompletten Innovation bzw. Modernisierungsmaßnahmen unterzogen wurde und die Umgestaltung der Abteilungen zu Warenwelten abgeschlossen ist, folgt nun auch das Konkurrenzunternehmen Larstadt mit Maßnahmen der Modernisierung. Schließlich wird auch dort der Artikel „Brotbäcker" in das Sortiment aufgenommen. Da sich beide Unternehmen einem reißenden Absatz dieses Artikels erfreuen, werden einige andere größere Fachgeschäfte auf diesen Artikel aufmerksam und nehmen ihn ebenfalls in das eigene Sortiment auf. Das folgende Spiel simuliert den Preiskampf der konkurrierenden Unternehmen. Alle Unternehmen verkaufen den Brotbäcker der gleichen Marke. Pro Spielperiode werden insgesamt 10 000 Stück verkauft. Das Spiel läuft über 6 Spielperioden. Die Selbstkosten des Brotbäckers belaufen sich bei 189,00 DM/Stück.

**Fallsituation 8** | **Marketing**

Die Klasse wird in 6 Gruppen unterteilt. Jede Gruppe stellt ein Unternehmen dar. Jede Unternehmung soll nun ihren Gewinnzuschlag und damit den Nettoverkaufspreis so festlegen, dass der Gesamtgewinn ein Maximum erreicht.

**Arbeitsauftrag:**
1. Legen Sie pro Geschäftsjahr (1 Spielperiode) für Ihr Unternehmen einen Verkaufspreis fest.
2. Tragen Sie diesen in das Ergebnisblatt (vgl. Muster: Ergebnisblatt) ein, das Ihr Lehrer an Sie verteilt.
3. Versuchen Sie in den 6 Geschäftsjahren (Spielperioden) einen möglichst hohen Gesamtgewinn zu erzielen.
4. Analysieren Sie die Preispolitik des „Gewinners".

Bei der Festlegung der Verkaufspreise muss beachtet werden:
- Der Verkaufspreis muss konkurrenzfähig bleiben.
  Der Marktanteil Ihres Unternehmens erhöht sich bei einem Verkaufspreis unter dem Durchschnittspreis.
- Je niedriger der Verkaufspreis ist, desto höher ist der Umsatz.

# Muster:
## Spielblatt Planspiel: Preispolitik

Geschäftsjahr (Spielperiode):

|  | Gruppe 1 | Gruppe 2 | Gruppe 3 | Gruppe 4 | Gruppe 5 | Gruppe 6 | Durchschnitt |
|---|---|---|---|---|---|---|---|
| **Verkaufspreis** | | | | | | | |
| **Umsatzbestimmender Faktor 1** | | | | | | | |
| **Umsatzbestimmender Faktor 2** | | | | | | | |
| **Punkte** | | | | | | | |
| **Marktanteil in %** | | | | | | | |
| **Umsatz pro Stück** | | | | | | | |
| **Umsatz in DM** | | | | | | | |
| **Kosten in DM** | | | | | | | |
| **Gesamtgewinn** | | | | | | | |

**Auswertungsregeln:**

1. Den Durchschnittspreis erhalten Sie aus den 6 Preisen der Gruppen 1 bis 6.

2. Für jede angefangene 10,00 DM, die Sie mit Ihrem Verkaufspreis unter 300,00 DM liegen, bekommen Sie 5 Punkte gutgeschrieben. ---> *umsatzbestimmender Faktor 1*

3. Für jede Mark, mit der Ihr Verkaufspreis unter dem Durchschnittspreis liegt, gibt es einen Pluspunkt, für jede DM über dem Durchschnittspreis einen Minuspunkt. ---> *umsatzbestimmender Faktor 2*

4. Seinen Marktanteil erhält man, wenn man seine Punkte durch die Gesamtzahl aller Gruppen (nur positive Punkte zählen) teilt. Ein negatives Punktergebnis gibt einen Umsatz von 0.

5. Den Umsatz in Stück berechnen Sie, indem Sie Ihren Marktanteil in % auf die für den Gesamtmarkt produzierten 100 00 Stück beziehen.

6. Ihren Umsatz in DM erhalten Sie durch die Multiplikation Ihres Verkaufspreises mit der verkauften Stückzahl.

7. Sie multiplizieren den Selbstkostenpreis mit der verkauften Stückzahl, um die gesamten Kosten zu erhalten.

8. Der Gesamtgewinn pro Periode ergibt sich aus der Differenz von Gesamtumsatz und Gesamtkosten.

# Fallsituation 9:
*Werbung – Öffentlichkeitsarbeit – Verkaufsförderung*
*– Die Sortimentsveränderungen bekannt machen –*

Die Modernisierungsmaßnahmen bei Ambiente sind erfolgreich abgeschlossen. Alle Artikel der Warenbereiche Möbel und Lampen sind mittlerweile verkauft und das Sortiment ist damit bereinigt. Die bisherigen Warenbereiche wurden ebenfalls aufgelöst. Stattdessen wurden Warenwelten geschaffen, deren Artikel thematisch zusammenpassen. Insgesamt wurden die gesamte Warenlandschaft attraktiver gestaltet und weitere Dienstleistungen aufgenommen. Ambiente hat sich insgesamt herausgeputzt. Nun ist es Aufgabe von Frau Knobbe, die positive Veränderung von Ambiente nach außen zu tragen und der Bevölkerung bekannt zu geben. Dazu ruft sie alle Auszubildenden zu sich. Ihrer Meinung nach haben die „Frischlinge" immer sehr gute Ideen.

**Arbeitsauftrag:**

1. Führen Sie ein Brainstorming durch (z. B. in einem Stuhlkreis) und suchen Sie mit Ihren Klassenkameraden konkrete Vorschläge, wie Frau Knobbe die Bevölkerung von Schönstadt über die Veränderung, die bei Ambiente stattgefunden hat, informieren kann? Halten Sie die einzelnen Vorschläge an der Tafel fest (⇨ *Brainstorming* [33]).

2. Definieren Sie die Werbemaßnahmen „Öffentlichkeitsarbeit" und „Verkaufsförderung", die neben der Absatzwerbung die Wirtschaftswerbung umfasst und bringen Sie konkrete Beispiele (⇨ *Definieren* [31]).

3. Systematisieren Sie im Plenum die in der Brainstormingphase gesammelten Vorschläge nach Maßnahmen der Öffentlichkeitsarbeit (PR-Maßnahmen) und nach Maßnahmen der Verkaufsförderung.

# Fallsituation 9 — Marketing — Ambiente

◆ **Vorschläge, wie die Veränderungen von Ambiente in der Bevölkerung bekannt gemacht werden könnten:**

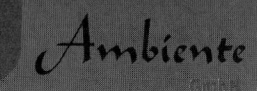

◆ **„Öffentlichkeitsarbeit" (Publicrelation):**

◆ **„Verkaufsförderung" (Salespromotion):**

◆ **Wirtschaftswerbung**

| Öffentlichkeitsarbeit: | Verkaufsförderung: | Absatzwerbung: |
|---|---|---|
| | | |

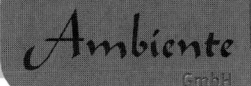

Während der Brainstormingphase kam einer der Auszubildenden auf die Idee einen Aktionstag mit Prominenz durchzuführen. Spontan fiel den anderen Beteiligten Alfred Triolek ein, ein bekannter Talkmaster, der aber auch als Moderator durch die Sendung „mit Triolek backen und kochen" führt. Nebenbei hat er bereits mehrere Kochbücher veröffentlicht. Als letzte Neuerscheinung kam sein Buch „Backen, wie zu Großmutters Zeiten" heraus. Letzteres wird derzeit auch in der Warenwelt „Rund ums Backen" neben anderen Backbüchern vertrieben. Die Idee Alfred Triolek für einen Aktionstag bei Ambiente einzuladen, stößt bei allen auf große Resonanz. Möglichkeiten, wie Triolek in die Aktion eingebunden werden könnte, sind schnell gefunden. Gemacht wurden Vorschläge wie:

- Preisausschreiben, bei dem das Backbuch von Triolek gewonnen werden kann
- Backstand in der Warenwelt „Rund ums Backen", an dem Triolek seine Backrezepte vorführt
- Preisausschreiben, bei dem der Gewinner in der nächsten Sendung von Triolek als sein Gast auftreten kann
- Backen mit Kindern unter der Schirmherrschaft von Triolek
- Signieren der Backbücher durch Triolek persönlich

Viele Ideen wurden genannt, die sich allerdings nur auf die Warenwelt „Rund ums Backen" beziehen. Wie sollte man die Aufmerksamkeit der Konsumenten aber auf die übrigen Warenwelten lenken? Da waren doch noch u. a. folgende Warenwelten:

- Warenwelt „Damen"
- Warenwelt „Herren"
- Warenwelt „Kinder"
- Warenwelt „Schöner Schlafen"
- Warenwelt „Rund ums Büro"
- Warenwelt „sich pflegen, wohlfühlen und gut aussehen"
- Warenwelt „Fotografie"
- Warenwelt „Lesen"
- Warenwelt „Handarbeit und Basteln"
- Warenwelt „Spielparadies"
- Warenwelt „Essen und Trinken"
- Warenwelt „Rund ums Backen"
- Warenwelt „Art Deko"
- Warenwelt „Unterhaltungselektronik"
- Warenwelt „Moderne Küche"
- Warenwelt „Sport"
- Warenwelt „Verreisen"
- Warenwelt „Hobby"
- Warenwelt „Schöner Wohnen"
- Warenwelt „Pflanzen- und Blumencenter"
- Warenwelt „Computer"
- Warenwelt „Schöner Schenken"

sowie die ganzen Dienstleistungen, die ebenfalls bekannt gemacht werden sollten:

- Parkplätze
- Änderungsservice für die Abteilung Textil
- Reparaturservice
- Geschenkverpackung
- Garantiegewährung
- Umtausch von Waren
- Imbissecke
- Restaurant
- Backwarenstand
- Reisebüro
- Frisör
- Farb- und Stilberatung für den Bereich Mode
- kostenloser Heimtransport der eingekauften Ware für ältere Kunden
- Spielecke für Kinder
- Sitzecke in der Warenwelt „Lesen"

**Arbeitsauftrag:**

1. Teilen Sie sich in Kleingruppen auf (⇨ *Gruppenarbeit* [40]).
2. Entwickeln Sie mit Ihrer Kleingruppe für einige der Warenwelten und einige Dienstleistungen Vorschläge für Maßnahmen der Verkaufsförderung und der Öffentlichkeitsarbeit und stellen Sie diese im Anschluss Ihrer Klasse vor. Die Art der Präsentation bleibt Ihrer Gruppe überlassen. Sprechen Sie sich aber vorher mit den anderen Gruppen darüber ab, welche der Warenwelten und Dienstleistungen Sie übernehmen wollen (⇨ *Präsentation* [16]).

# Fallsituation 9 — Marketing — Ambiente GmbH

◆ **Vorschläge**

---

Alfred Triolek hat die Einladung für den Aktionstag angenommen. Allerdings verlangt er eine Gage von 5.000,00 DM. Dieser Aktionstag soll am Samstag in zwei Wochen stattfinden. Nun steht Frau Knobbe nach Absprache mit Herrn Freiberg aus der Abteilung Rechnungswesen insgesamt ein Budget von 25.000,00 DM für den Aktionstag zur Verfügung.

5.000,00 DM sind fest als Gage für Alfred Triolek eingeplant. 1.000,00 DM werden für die Zutaten zum Backen sowie für das Essgeschirr benötigt. 10.000,00 DM sind für weitere Aktionen, die parallel in anderen Warenwelten stattfinden sollen, gedacht. Für die Werbung bleiben Frau Knobbe nur noch 9.000,00 DM. Neben der Planung und der Organisation des Aktionstages muss Frau Knobbe die Werbung für den Aktionstag erstellen. Zu diesem Zweck liegt ihr ein Werbeplan vor, der alle Schritte des Planungsprozesses berücksichtigt.

## Werbeplan

| | | |
|---|---|---|
| • Bestimmung der Werbeobjekte | – | Wofür soll geworben werden? |
| • Bestimmung der Zielgruppe | – | Für wen soll geworben werden? |
| • Festlegung der Werbeziele | – | Was soll durch den Einsatz von Werbung in Bezug auf den Kunden, auf das Produkt und zum Unternehmen erreicht werden? |
| • Festlegung des Werbeetats | – | Wie viel Geld soll für das Werbeprojekt ausgegeben werden, wie viel steht überhaupt zur Verfügung? |
| • Auswahl der Werbemittel | – | Welches Werbemittel soll eingesetzt werden? |
| • Auswahl der Werbeträger | – | Welcher Werbeträger soll eingesetzt werden? |
| • Festlegung des geografischen Streubereiches | – | Wo und wieweit soll geworben werden? |
| • Entwicklung einer Werbekonzeption | – | Wie soll das Werbekonzept inhaltlich und formal aussehen? |
| • Festlegung des zeitlichen Einsatzes | – | In welchem Zeitraum soll geworben werden? |

# Handlungsorientierte Arbeitshefte für den Einzelhandel — Ambiente GmbH — Marketing — Fallsituation 9

Frau Knobbe ist mit der Planung und der Organisation hoffnungslos überlastet. Daher bittet sie Peter Hubig und Nadine Lange, beide Auszubildende bei Ambiente ein Werbekonzept zu erstellen. Dieses soll sich auf das Kommen von Alfred Triolek beziehen, gleichzeitig die Modernisierung und Erweiterung des Sortiments, der Dienstleistungen sowie den Aufbau der Warenwelten einbeziehen. Nadine und Peter haben beinahe alle Informationen zusammen, die sie für den Werbeplan benötigen. Schließlich müssen sie sich nur noch für die einzusetzenden Werbemittel und Werbeträger entscheiden. Bei der Suche nach den geeigneten Werbemitteln bzw. Werbeträgern stoßen beide auf folgendes Durcheinander:

Fachzeitschriften   Adressbücher
  Litfaßsäule   Werbeanzeige
Plakatwand   Schaufensterdekoration
  Werbung per Post
  Plakat   Hörfunk   Tageszeitung
Funkspot
  Kino   Werbebriefe
 Werbespot   Wochenzeitschrift
  Fernsehen
  Einzelhandelsunternehmen   Anzeigenblätter

**Arbeitsauftrag:**

1. Definieren Sie die Begriffe Werbemittel und Werbeträger und ordnen Sie die Werbemittel den entsprechenden Werbeträgern zu (⇨ *Definieren* [31]).
2. Welche Werbemittel sind für Ambiente geeignet den Aktionstag in der Öffentlichkeit anzukündigen?
3. Erstellen Sie mit Ihrer Gruppe ein Werbemittel, das über den Aktionstag informiert. Sprechen Sie sich bitte mit den anderen Gruppen darüber ab, welches Werbemittel Ihre Gruppe gestaltet. Schön wäre es, wenn verschiedene Werbemittel erstellt werden würden. Die Gestaltung des Werbemittels bleibt Ihrer Gruppe allein vorbehalten. Allerdings sollten alle wichtigen Informationen berücksichtigt werden.

   Zusätzliche Informationen:
   - Informationsblatt über die Preise des Kopierladens
   - Budget insgesamt 9.000,00 DM
4. Versuchen Sie die einzelnen Maßnahmen der geplanten Werbekampagne mit Alfred Triolek den verschiedenen Phasen der Werbung, wie sie in der AIDA-Formel als Vierstufenkonzept beschrieben wird, zuzuordnen.
5. Erstellen Sie in Ihrer Gruppe einen kompletten Werbeplan, der alle Ihre Vorschläge beinhaltet.

# Fallsituation 9 — Marketing — Ambiente GmbH

## 2 — Preisliste Nr. 22 — Gültig ab 1. Oktober 1997

**HUCKUP**

Seit über 25 Jahren
Hildesheims erstes
Anzeigen- und Informationsblatt
Wöchentlich 113.500 Exemplare

Erscheinungsort: **31134 Hildesheim**

| | |
|---|---|
| Verlag: | Gebrüder Gerstenberg GmbH & Co<br>Rathausstraße 18-20, 31134 Hildesheim<br>Postfach 100 555, 31105 Hildesheim |
| Fernruf: | Sammel-Nr. (0 51 21) 10 60 |
| Tel. Anzeigen-Annahme: | (0 51 21) 1 06 71 |
| FAX: | (0 51 21) 1 06-2 17 und 1 06-2 42 |
| Internet: | http://www.haz.hildesheim.de |
| E-Mail: | haz-red@gerstenberg.com<br>online@gerstenberg.com |
| Erscheinungsweise: | donnerstags |
| Anzeigenschluß: | dienstags, 14.30 Uhr |

**ADA** Auflagen Kontrolle der Anzeigen Blätter — BDZV/VDA

| Satzspiegel: | HUCKUP |
|---|---|
| Format: | Berliner |
| Höhe: | 425 mm |
| Breite: | 280 mm |
| 1/1 Seite: | 2550 mm |
| Anzeigenteil: | Spaltenbreite 45 mm, 6 Spalten |
| Textteil: | Spaltenbreite 45 mm, 6 Spalten |

### Huckup Gesamt-Ausgabe (300)

| Anzeigenteil | Grundpreis | Direktpreis* |
|---|---|---|
| s/w-Anzeigen je mm | 3,07 | 2,61 |
| 1/1-Seitenpreis | 7828,50 | 6655,50 |
| **1 Buntfarbe** je mm | 3,53 | 3,– |
| Mindestgröße 200 mm — Mindestpreis | 706,– | 600,– |
| Seitenpreis (1 Seite = 2550 mm) | 9001,50 | 7650,– |
| **2 Buntfarben** je mm | 3,84 | 3,26 |
| Mindestgröße 200 mm — Mindestpreis | 768,– | 652,– |
| Seitenpreis (1 Seite = 2550 mm) | 9792,– | 8313,– |
| **3 Buntfarben** je mm | 4,30 | 3,66 |
| Mindestgröße 300 mm — Mindestpreis | 860,– | 732,– |
| Seitenpreis (1 Seite = 2550 mm) | 10965,– | 9333,– |
| **Textteil** Schwarz/weiß je mm | 7,89 | 6,71 |
| **1 Buntfarbe** je mm | 9,07 | 7,72 |
| Mindestgröße 40 mm — Mindestpreis | 362,80 | 308,80 |
| **2 Buntfarben** je mm | 9,86 | 8,38 |
| Mindestgröße 40 mm — Mindestpreis | 394,40 | 335,20 |
| **3 Buntfarben** je mm | 11,05 | 9,39 |
| Mindestgröße 40 mm — Mindestpreis | 442,– | 375,60 |

| Abweichende Preise (rabattfähig) | Grundpreis | Direktpreis* |
|---|---|---|
| **Titelkopfanzeigen** rechts neben Titel, 2spaltig, 120 mm hoch, höhere Anzeigen auf Anfrage | | |
| schwarz/weiß, bzw. mit rot 13 | 1344,– | 1142,– |
| 1 Buntfarbe (außer rot 13) | 1546,– | 1314,– |
| 2 Buntfarben | 1680,– | 1428,– |
| 3 Buntfarben | 1882,– | 1600,– |
| **Titelfußanzeigen** Mindesthöhe 100 mm, max. Höhe 150 mm, jeweils blattbreit = 6spaltig | | |
| schwarz/weiß je mm | 3,69 | 3,14 |
| 1 Buntfarbe je mm | 4,24 | 3,60 |
| 2 Buntfarben je mm | 4,61 | 3,92 |
| 3 Buntfarben je mm | 5,16 | 4,39 |

**HUCKUP** — Jeden Donnerstag — 113.500 Exemplare im Wirtschaftsraum Hildesheim

**Amtl. Bekanntmachungen** — je mm DM 1,50
Anzeigen gemeinnütziger Unternehmen, Verbände und Vereine, soweit sie nicht der Wirtschaftswerbung dienen und direkt verteilt werden — je mm DM 1,70

**Private Anzeigen (Preise inkl. MwSt.)** nicht rabattfähig

Immobilien-Anzeigen der Rubriken **Häuser** (Verkauf), **Eigentumswohnungen** (Verkauf), Vermietungen:
- Mindestpreis, 3 Zeilen — DM 21,–
- jede weitere Zeile — DM 7,–

Stellengesuche und private Gelegenheitsanzeigen,
- Mindestpreis, 3 Zeilen — DM 8,25
- jede weitere Zeile — DM 2,75

Familienanzeigen
- je Millimeter — DM 1,33

**Beilagen** (Siehe Blatt 4)

| | Grundpreis | Direktpreis* |
|---|---|---|
| Preise ‰ Exemplare bis 10 g | 115,– | 98,– |
| Mehrpreis für jede weiteren angefangenen 10 g; Teilbeilagen möglich. | 12,– | 12,– |

Wenn nicht anders angegeben, alle Preise zuzügl. Mehrwertsteuer

\* Nur für Geschäftsanzeigen des Einzelhandels, Handwerks und Gewerbes. Die Abwicklung über eine Werbeagentur oder einen Werbemittler wird zum Grundpreis vorgenommen.

---

## Hildesheimer Allgemeine Zeitung + HUCKUP

HAZ .................... 58.000 Exemplare
HUCKUP ........ jeden Donnerstag 113.500 Exemplare

- **100 %ige Haushaltsabdeckung im Wirtschaftsraum Hildesheim**

- Dieser Wirtschaftsraum ist Ihr Einzugsgebiet, in dem Ihre Kunden leben. Dieses Gebiet optimal – und dennoch kostengünstig – mit Ihrer Werbung abzudecken, ermöglicht Ihnen die

  **Anzeigenkombination für den Wirtschaftsraum Hildesheim**

- Der Kombinations-Preis ist, gemessen an der Leistung und an der Auflage, äußerst günstig. Ein Millimeterpreis also, der auch ein größeres und ansprechendes Anzeigenformat erlaubt.

- Diesen Kombinations-Preis berechnen wir für Anzeigen, die innerhalb einer Woche unverändert in der Hildesheimer Allgemeinen Zeitung und im HUCKUP aufgegeben werden.

- Die bewährten HAZ-Zusteller sowie ein zuverlässiger Verteilerdienst garantieren eine bestmögliche Auslieferung von HAZ+HUCKUP im gesamten Verbreitungsgebiet und damit eine

  **100 %ige Haushaltsabdeckung im Wirtschaftsraum Hildesheim**

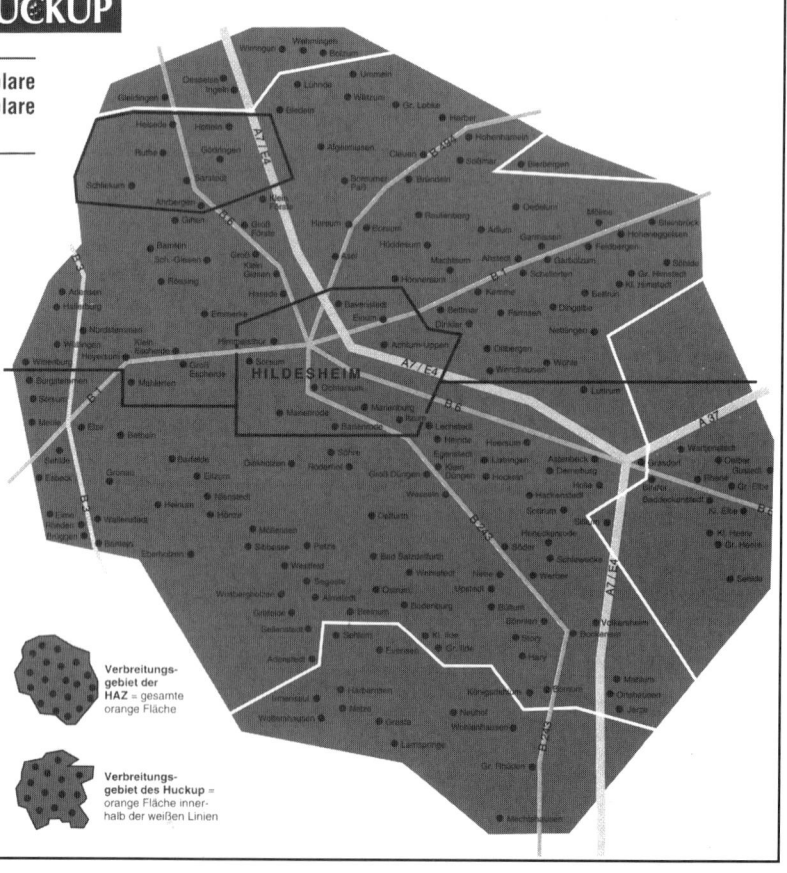

Verbreitungsgebiet der HAZ = gesamte orange Fläche

Verbreitungsgebiet des Huckup = orange Fläche innerhalb der weißen Linien

# Handlungsorientierte Arbeitshefte für den Einzelhandel — Ambiente GmbH — Marketing — Fallsituation 9

## 1. Preisliste Nr. 39 — Gültig ab 1. Oktober 1997

**Hildesheimer Allgemeine Zeitung**

Erscheinungsort: **31134 Hildesheim**

**Verlag:** Gebrüder Gerstenberg GmbH & Co, Rathausstraße 18-20, 31134 Hildesheim, Postfach 100 555, 31105 Hildesheim
**Fernruf:** Sammel-Nr. (0 51 21) 10 60
**Tel. Anzeigen-Annahme:** (0 51 21) 1 06 71
**FAX:** (0 51 21) 1 06-2 17 und 1 06-2 42
**Internet:** http://www.haz.hildesheim.de
**E-Mail:** haz-red@gerstenberg.com / online@gerstenberg.com

**Anzeigenschluß:**
- für die Ausgabe vom: Annahmeschluß
- Montag: Sonnabend, 12 Uhr
- Dienstag bis Freitag: Vortag, 11 Uhr
- Sonnabend: Stellenmarkt, Veranstaltungen, Heiraten/Bekanntschaften, Bekanntmachungen Donnerstag, 12 Uhr; Fließsatz alle Rubriken Freitag, 11 Uhr; alle anderen Rubriken Donnerstag, 18 Uhr

**Erscheinungsweise:** werktäglich morgens
**Satzspiegel:**
- Format: Nordisch
- Höhe x Breite: 528 x 371 mm
- 1/1 Seite: 4224 mm
- Anzeigenteil: Spaltenbreite 45 mm, 8 Spalten
- Textteil: Spaltenbreite 58 mm, 6 Spalten

### Hildesheimer Allgemeine Zeitung Gesamt-Ausgabe (200)

| Anzeigenteil | Grundpreis | Direktpreis* |
|---|---|---|
| s/w-Anzeigen je mm | 3,45 | 2,93 |
| 1/1-Seitenpreis | 14572,80 | 12376,32 |
| 1 Buntfarbe je mm | 4,14 | 3,52 |
| Mindestgröße 200 mm Mindestpreis | 828,– | 704,– |
| Seitenpreis (1 Seite = 4224 mm) | 17487,36 | 14868,48 |
| 2 Buntfarben je mm | 4,66 | 3,96 |
| Mindestgröße 200 mm Mindestpreis | 932,– | 792,– |
| Seitenpreis (1 Seite = 4224 mm) | 19683,84 | 16727,04 |
| 3 Buntfarben je mm | 5,00 | 4,25 |
| Mindestgröße 200 mm Mindestpreis | 1000,– | 850,– |
| Seitenpreis (1 Seite = 4224 mm) | 21120,00 | 17952,00 |
| **Textteil** | | |
| schwarz/weiß je mm | 14,20 | 12,07 |
| 1 Buntfarbe je mm | 17,04 | 14,48 |
| Mindestgröße 40 mm, Mindestpreis | 681,60 | 579,20 |
| 2 Buntfarben je mm | 19,17 | 16,29 |
| Mindestgröße 40 mm, Mindestpreis | 766,80 | 651,60 |
| 3 Buntfarben je mm | 20,59 | 17,50 |
| Mindestgröße 40 mm, Mindestpreis | 823,60 | 700,– |

### Abweichende Preise (rabattfähig)

| | Grundpreis | Direktpreis* |
|---|---|---|
| **Titelkopfanzeigen** Festgröße 58x58 mm links o. rechts neben Titel, Festpreis schwarz/weiß | 1165,– | 990,– |
| 1 Buntfarbe | 1282,– | 1090,– |
| 2 Buntfarben | 1400,– | 1190,– |
| 3 Buntfarben | 1518,– | 1290,– |
| **Eckfeldanzeigen** im Textteil, Mindestgröße 1000 mm, s/w Mindestpreis | 3450,– | 2930,– |
| 1 Buntfarbe, Mindestpreis | 4140,– | 3520,– |
| 2 Buntfarben, Mindestpreis | 4660,– | 3960,– |
| 3 Buntfarben, Mindestpreis | 5000,– | 4250,– |

**Amtl. Bekanntmachungen** je mm DM 1,50
**Anzeigen gemeinnütziger Unternehmen**, Verbände und Vereine, soweit sie nicht der Wirtschaftswerbung dienen und direkt verteilt werden je mm DM 1,90

**Private Anzeigen (Preise inkl. MwSt.)** nicht rabattfähig

Immobilien-Anzeigen der Rubriken **Häuser** (Verkauf), **Eigentumswohnungen** (Verkauf), **Vermietungen:**
- Mindestpreis, 3 Zeilen: DM 23,58
- jede weitere Zeile: DM 7,86

Stellengesuche und private Gelegenheitsanzeigen:
- Mindestpreis, 3 Zeilen: DM 13,44
- jede weitere Zeile: DM 4,48

Traueranzeigen je Millimeter: DM 1,90
freudige Familienanzeigen je Millimeter: DM 1,65

### HAZ-Süd-Ausgabe (252) oder Nord-Ausgabe (251) (inkl. Ausgabe 400)
Erscheinungsweise: jeden Donnerstag

| Anzeigenteil | Grundpreis | Direktpreis* |
|---|---|---|
| s/w-Anzeigen je mm | 1,28 | 1,07 |
| Seitenpreis (1 Seite = 4224 mm) | 5406,72 | 4519,68 |
| 1 Buntfarbe je mm | 1,54 | 1,28 |
| Mindestpreis (300 mm) | 462,– | 384,– |
| Seitenpreis (1 Seite = 4224 mm) | 6505,– | 5407,– |
| **Textteil** | | |
| schwarz/weiß je mm | 3,82 | 3,20 |
| Familienanzeigen (priv.) pro mm inkl. Mehrwertsteuer | 1,07 | |

### Sarstedter Anzeiger (400)
Erscheinungsweise: werktäglich

| Anzeigenteil | Grundpreis | Direktpreis* |
|---|---|---|
| s/w-Anzeigen je mm | –,77 | –,65 |
| Seitenpreis (1 Seite = 4224 mm) | 3252,48 | 2745,60 |
| 1 Buntfarbe je mm | 1,27 | 1,10 |
| Mindestpreis (300 mm) | 381,– | 330,– |
| Seitenpreis (1 Seite = 4224 mm) | 5364,48 | 4646,41 |
| **Textteil** | | |
| schwarz/weiß je mm | 2,11 | 1,78 |

**Amtl. Bekanntmachungen**
Amtliche Bekanntmachungen nicht erwerbswirtschaftlicher Art sowie Anzeigen gemeinnütziger Unternehmen, Verbände und Vereine, soweit sie nicht der Wirtschaftswerbung dienen und direkt verteilt werden je mm DM 0,40

| **Titelkopfanzeigen** Festgröße 58x58 mm links o. rechts neben Titel, Festpreis, schwarz/weiß | 445,– | 402,– |
|---|---|---|
| 1 Buntfarbe | 540,– | 480,– |
| **Eckfeldanzeigen**, im Textteil, Mindestgröße 1000 mm, s/w Mindestpreis | 770,– | 650,– |
| 1 Buntfarbe, Mindestpreis | 1270,– | 1110,– |
| Familienanzeigen (priv.) pro mm inkl. Mehrwertsteuer | 1,07 | |

\* Nur für Geschäftsanzeigen des Einzelhandels, Handwerks und Gewerbes. Die Abwicklung über eine Werbeagentur oder einen Werbemittler wird zum Grundpreis vorgenommen.

---

## 5. Preisliste Nr. 39 — Gültig ab 1. Oktober 1997

**Hildesheimer Allgemeine Zeitung**

Erscheinungsort: **31134 Hildesheim**

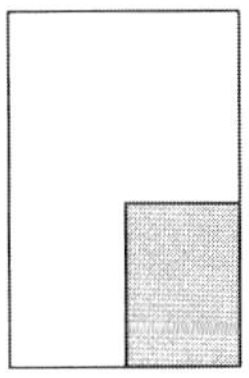

### Sonderformate – Sonderplazierungen

**Eckfeldanzeige im Textteil**
2seitig an Text anschließende Anzeigen.
Maximalhöhe: 400 mm, größere Höhen werden als Blatthöhe berechnet.
Umrechnungsfaktor: 1,34 (1 Textspalte = 1,34 Anzeigenspalten)
Siehe auch Blatt 1 (Rückseite).

**Textteilanzeige**
Anzeige, die mit mindestens drei Seiten an redaktionellen Text und nicht an andere Anzeigen angrenzt.

**Streifenanzeige**
Blattbreit, allein unter Text, Mindesthöhe 50 mm. Geringere Höhen werden wie Mindesthöhen berechnet. Streifenanzeigen werden gegebenenfalls im Anzeigenteil untergebracht.

**Doppelstreifenanzeige**
Streifenanzeige am Kopf und am Fuß einer Anzeigenseite.

**Panoramaanzeige**
Tarifpreis plus Mehrraum von 1 Spalte (Nord.-Format) 17 Spalten = 770 mm Breite, Mindestgröße 2 x 1/2 Seite + Steg
Anzeigenschluß: bei Lieferung fertiger Vorlagen siehe S/W-Anzeigen, sonst 2 Tage vorher. (Seitenverkehrter Negativfilm oder Papier).

**Inselanzeige**
Mindestgröße: 300 mm; Aufschlag von 20 % auf S/W-mm-Preis, nur im Anzeigenteil.

**Titelkopfanzeige**
Anzeigen auf der Titelseite neben dem Zeitungskopf (58 mm x 58 mm), Sonderpreis (siehe Blatt 1)

**Satellitanzeige**
Mindestvolumen je Seite 300 mm. Aufschlag von 20 % auf mm-Preis, nur im Anzeigenteil.

**Schattenanzeige (Shadow-Print)**
Tarifpreis für 1/1 Seite, schwarz/weiß.

**Flex-Form-Anzeige (Anzeigenteil)**
Mindestgröße 800 mm; (siehe auch Blatt 1b)
Alle Sonderplazierungen sind nur nach Absprache möglich.

**Anzeigenstrecke**
Eine Insertion von mindestens vier, sechs oder acht hintereinanderliegenden Anzeigenseiten. Darüber hinaus können Sie so viele Fortdrucke der Anzeigenstrecke bestellen, wie Sie z. B. für eine weitere Verteilung haben möchten.

**Prospektanzeige**
Dabei handelt es sich um eine zweiseitige Anzeige im Nordischen Format (also im halben Zeitungsformat) auf einem herausnehmbaren Zeitungsbogen, quergedruckt.

**Fünf Vorteile dieser beiden Insertionsmöglichkeiten sprechen für sich:**
- Pro Seite werden 20 % gespart. Und Sie bekommen auch Ihren Abschlußrabatt.
- Umfangreiche Produktpaletten können in schwarz/weiß oder in Farbe ausführlich und übersichtlich dargestellt werden.
- Prospektanzeigen und Anzeigenstrecke sind eine Alternative zum Handzettel und finden als Bestandteil der Tageszeitung ein hohes Maß an Beachtung.
- Interessierte Leser haben die Möglichkeit, diese Werbung aus der Zeitung herauszunehmen, in aller Ruhe zu studieren, aufzubewahren und als Einkaufszettel zu benutzen.
- Wenn Sie eine totale Haushaltsabdeckung wünschen, sollten Sie sich ein Angebot für die Kombination „Hildesheimer Allgemeine Zeitung" + huckup' oder einen Fortdruck für eine haushaltsabdeckende Verteilung unterbreiten lassen.

Als Gesprächspartner für diese und andere Fragen stehen wir Ihnen unter der Tel.-Nr. 1 06-1 42 zur Verfügung.

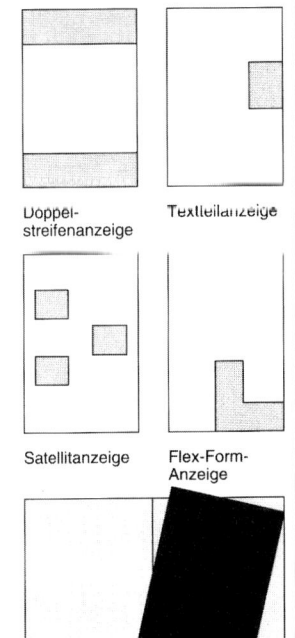

Bildbeschriftungen: Eckfeldanzeige im Textteil — Streifenanzeige unter Text — Panoramaanzeige — Inselanzeige — Titelkopfanzeige — Doppelstreifenanzeige — Textteilanzeige — Satellitanzeige — Flex-Form-Anzeige — Prospektanzeige

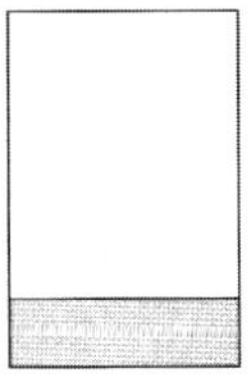

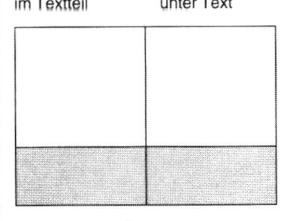

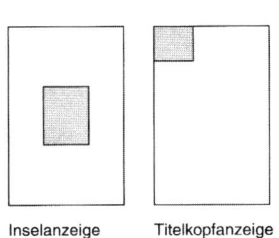

aus: Hildesheimer Allgemeine Zeitung + Huckup/Preisliste Nr. 39

© Winklers Verlag · Gebrüder Grimm · Darmstadt

# COPYLAND
## 100%

*Copy*Shop • *Color*Center • *Digital*Services

**Am Ratsbauhof 6**
31134 Hildesheim (direkt in der City)
Tel.: 0 51 21 / 3 66 66, Fax: 0 51 21 / 3 71 60
e-mail: CopylandHi@aol.com

**Öffnungszeiten:**
Montag - Freitag 9:00 - 18:30
Samstag 10:00 - 14:00

**PREISLISTE**
Stand 6/97. Alle Preise enthalten die gesetzliche Mehrwertsteuer.
Diese Preisliste ist ausschließlich gültig für das Hauptgeschäft: Am Ratsbauhof 6.

## Schnelldruck — S/W, 1-seitig
*Preise inkl. 15% Mehrwertsteuer*

| Anzahl | DIN A4 1 Vorlage | DIN A4 Mehrere Vorlagen | DIN A3 |
|---|---|---|---|
| 1 | 0,25 DM | 0,25 DM | 0,50 DM |
| 10 | 0,20 DM | 0,20 DM | 0,40 DM |
| 20 | 0,18 DM | 0,20 DM | 0,40 DM |
| 50 | 0,15 DM | 0,19 DM | 0,35 DM |
| 100 | 0,13 DM | 0,18 DM | 0,30 DM |
| 150 | 0,12 DM | 0,18 DM | 0,30 DM |
| 200 | 0,11 DM | 0,16 DM | 0,26 DM |
| 300 | 0,10 DM | 0,16 DM | 0,24 DM |
| 500 | 0,095 DM | 0,14 DM | 0,22 DM |
| 1000 | 0,082 DM | 0,125 DM | 0,20 DM |
| 2000 | 0,075 DM | 0,115 DM | 0,19 DM |
| 3000 | 0,065 DM | 0,105 DM | 0,175 DM |
| 5000 | 0,061 DM | 0,095 DM | 0,156 DM |
| 10000 | 0,055 DM | 0,085 DM | 0,138 DM |
| 20000 | 0,052 DM | 0,075 DM | 0,127 DM |
| 50000 | 0,049 DM | 0,072 DM | 0,121 DM |

## Schnelldruck — S/W, 2-seitig
*Preise inkl. 15% Mehrwertsteuer*

| Anzahl | DIN A4 1 Vorlage | DIN A4 Mehrere Vorlagen | DIN A3 |
|---|---|---|---|
| 1 | 0,49 DM | 0,49 DM | 0,98 DM |
| 5 | 0,39 DM | 0,39 DM | 0,78 DM |
| 10 | 0,35 DM | 0,39 DM | 0,78 DM |
| 25 | 0,29 DM | 0,37 DM | 0,68 DM |
| 50 | 0,25 DM | 0,35 DM | 0,68 DM |
| 75 | 0,23 DM | 0,35 DM | 0,58 DM |
| 100 | 0,21 DM | 0,31 DM | 0,50 DM |
| 150 | 0,19 DM | 0,31 DM | 0,46 DM |
| 250 | 0,18 DM | 0,27 DM | 0,42 DM |
| 500 | 0,154 DM | 0,24 DM | 0,38 DM |
| 1000 | 0,14 DM | 0,22 DM | 0,36 DM |
| 1500 | 0,12 DM | 0,20 DM | 0,33 DM |
| 2500 | 0,112 DM | 0,18 DM | 0,292 DM |
| 5000 | 0,10 DM | 0,16 DM | 0,256 DM |
| 10000 | 0,094 DM | 0,14 DM | 0,234 DM |
| 25000 | 0,088 DM | 0,134 DM | 0,222 DM |

## Plakatkopien
*Preise inkl. 15% Mehrwertsteuer*

| Service | | DIN A4 blau, grün, rot, braun | DIN A4 schwarz | DIN A3 blau, grün, rot, braun | DIN A3 schwarz |
|---|---|---|---|---|---|
| bis | 20. Kopie | 0,65 DM | 0,20 DM | 1,30 DM | 0,40 DM |
| ab | 21. Kopie | 0,50 DM | 0,19 DM | 1,00 DM | 0,38 DM |
| ab | 51. Kopie | 0,40 DM | 0,18 DM | 0,80 DM | 0,36 DM |
| ab | 201. Kopie | 0,35 DM | 0,15 DM | 0,70 DM | 0,30 DM |
| ab | 501. Kopie | 0,30 DM | 0,13 DM | 0,60 DM | 0,26 DM |
| ab | 1001. Kopie | 0,25 DM | 0,11 DM | 0,50 DM | 0,22 DM |

|  | Werbemittel | Werbeträger |
|---|---|---|
| **Definition:** | | |
| **Zuordnung:** | | |

◆ **AIDA-Formel**

**Fallsituation 9** — Marketing

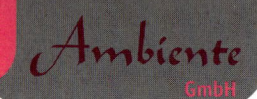

◆ **Werbeplan**

- Bestimmung der Werbeobjekte
- Bestimmung der Zielgruppe
- Festlegung der Werbeziele
- Festlegung des Werbeetats
- Auswahl der Werbemittel
- Auswahl der Werbeträger
- Festlegung des geografischen Streubereichs
- Entwicklung einer Werbekonzeption
- Festlegung des zeitlichen Einsatzes

**Arbeitsauftrag:**

1. Entwerfen Sie in Ihrer Gruppe für das modernisierte Warenhaus Ambiente ein neues Firmenlogo sowie einen passenden Slogan. Sammeln Sie hierfür zunächst bekannte Logos bzw. Slogans von Konkurrenzbetrieben und untersuchen Sie diese.
2. Gestalten Sie ebenfalls mit Ihrer Gruppe eine Schaufensterwerbung für Ambiente mithilfe einer Collage (⇨ *Collage erstellen* [13]).

◆ **Firmenlogo:**

◆ **Slogan:**

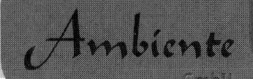

# Fallsituation 10: *Gefahren der Werbung*

Frau Knobbe ist sauer. Sie hat gerade einen Artikel eines italienischen Werbemanagers gelesen, mit dessen Thesen sie überhaupt nicht einverstanden ist.

---

Halleluja! Unser Baby pinkelt blau! Halleluja! Treten Sie ein in die beste aller Welten. In diesem Wunderland mit immer blauem Himmel trübt kein saurer Regen das glänzende Grün der Blätter, nicht der kleinste Pickel wölbt die babyrosa Haut der Mädchen und niemals verunziert ein Kratzer die spiegelblanken Karosserien der Autos. Auf leer gefegten Straßen fahren junge Frauen mit langen braun gebrannten Beinen in schimmernden Limousinen. Staus, Unfälle, Glatteis und Radarkontrollen sind ihnen fremd. Und niemals verirren sie sich in heruntergekommene Viertel, sondern gleiten geräuschlos zu luxuriösen Altbauwohnungen und Wochenendhäusern mit unbezahlbaren Möbeln.

Dort erwarten sie Opa und Oma inmitten eines Blumenmeeres und zu heiteren Klängen eines Violinkonzerts. Die Kinder sind außer sich vor Freude dank Onkel Dittmeyer und der lila Kuh. Sie weinen nicht mehr, bekommen nie Läuse oder Scharlach und stecken auch nie den Finger in eine Steckdose. Ihre Mami – zwanzig Jahre alt, kein Gramm Zellulitis, ohne einen einzigen Schwangerschaftsstreifen – wickelt singend stramme Babypopos, die niemals voll geschissen sind, sondern wunderbar duften, und wischt tanzend die Fliesen in der Küche, verwandelt mithilfe eines Zauberpulvers schmutzige Wäscheberge in ordentliche Stapel neuer Kleidung. Und schließlich, oh Wunder, wird ihr Regelblut hellblau und hinterlässt keine Flecken mehr auf ihrem Schlüpfer. Blau wie der Himmel, der durchs Fenster lächelt, blau wie das Pipi ihres Babys, das nie in die Hose geht.

In der Zwischenzeit entwickelt sich die Welt weiter. Smarte Banker empfangen Papi, ihren besten Freund, und versprechen ihm das süße Leben. Keine Engpässe mehr am Monatsende: Kredite, Finanzierpläne, Rentenversicherung, Bausparpläne – kein Problem! Erleuchtet geht Papi nach Hause; Schluss mit der Krise, mit Entlassungen, Arbeitslosigkeit, Konkursen. Mit seiner neuen Kreditkarte kann er mal eben nach Saint-Tropez oder Bangkok jetten. Es genügt die Zauberkarte in den Traumautomaten zu schieben – jetzt leben, später zahlen. Begeistert ruft er, Telefonrechnung hin oder her, Mami an, die sich eine ihrer zahllosen Schönheitskuren unter Palmen (aber ohne ärmliche Eingeborene) gönnt. Kurz darauf entschwebt er in einem fliegenden Ohrensessel und erwacht ohne Verspätung und frisch rasiert am anderen Ende der Welt. Mami, das Ebenbild von Claudia Schiffer mit stets seidig glänzendem Haar, wirft sich in Designerrobe in Papis Arme. Beide kosten vom Kaffee mit dem Geschmack der Leidenschaft, umschlingen sich auf aphrodisischen Matratzen und eine Melodie säuselt „Alles ist gut", was so viel heißt wie „Aids kann uns nichts anhaben."

Im postmodernen Gebäude nebenan faxen perfekt rasierte Schönlinge aus riesigen Lofts phantastische Verträge an ihre Klone ans andere Ende der Welt. Ihr Boss mit dem einnehmenden Lächeln – er sicht ja aus wie Opi! – schließt sie in die Arme. Der Vorstand mit zahlreichen schönen Frauen in kurzen Röcken applaudiert. In solch einer demokratischen Gemeinschaft gibt es keine autoritären Chefs, Streiks, Gewerkschaften oder Machtkämpfe. Das ist gelebte Utopie! Man fährt natürlich nicht mit einem GTI-Kupee, einem als Zäpfchen getarnten Motorrad oder einem Turbo-Modell. Wozu sich Sorgen machen? Braun gebrannte Vierziger hinter imposanten Schreibtischen versichern Sie gegen alle Risiken und Krankheiten – aber psst! dieses Wort ist hier verboten! Sie erstatten Ihnen alle Arztkosten und sorgen dafür, dass Sie Ihren Ruhestand in einem Landhaus mit nachgemachtem Fachwerk und altmodischem Kachelofen verbringen können. Was will man mehr? Nichts! Auf unserem wunderbaren Planeten ist das Leben doch so schön.

Diese Idylle ist, wie Sie bestimmt bemerkt haben, die künstliche Welt der Werbung, die uns seit bald dreißig Jahren verblödet.

Basta cosi! Schluss damit!

Aufgrund folgender Untaten erkläre ich hiermit den Prozess gegen die Werbung für eröffnet:

Verschwendung von Unsummen

Soziale Nutzlosigkeit

Lüge

Verbrechen gegen die Intelligenz

Heimliche Verführung

Verherrlichung der Dummheit

Ausgrenzung und Rassismus

Verbrechen gegen den inneren Frieden

Verbrechen gegen die Sprache

Verbrechen gegen die Kreativität

Hemmungsloses Ausplündern

---

**Arbeitsauftrag:**

1. Arbeiten Sie den Artikel genau durch. (⇨ *Aktives Lesen* [1]).
2. Versuchen Sie kurz die 11 „Anklagepunkte" des Verfassers gegen die heutige Werbung zu erklären.
3. Sammeln Sie für jeden der 11 „Anklagepunkte" Zeitungs- bzw. Zeitschriftenanzeigen als Beispiele.
4. Verfolgen Sie in der nächsten Zeit bewusst die Fernsehwerbung.
5. Erstellen Sie eine Tabelle, in der Sie für jeden der 11 „Anklagepunkte" ein Beispiel aufführen.

**Fallsituation 11**    Marketing

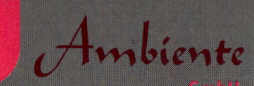

6. Präsentieren Sie Ihre Tabelle (⇨ *Präsentation* [16]).
7. Suchen Sie Argumente für und gegen die Thesen.
8. Drücken Sie Ihre Meinung zur Werbung mithilfe einer von Ihnen erstellten Collage aus (⇨ *Collage erstellen* [13]).
9. Präsentieren Sie Ihre Collage.

◆ 11 Anklagepunkte: Beispiele aus Zeitungen und Zeitschriften:

_____
_____
_____
_____

◆ 11 Anklagepunkte: Beispiele aus der Fernsehwerbung:

_____
_____
_____
_____
_____

◆ Argumente für und gegen die Thesen:

_____
_____
_____
_____
_____

## Fallsituation 11: *Verpackungspolitik – Können wir ganz auf Verpackung verzichten?*

In einem Gespräch zwischen Frau Knobbe und Herrn Müller wird die zunehmende Verpackungsproblematik angesprochen:

*Frau Knobbe:*    Herr Müller, so geht das nicht weiter. Trotz des Dualen Systems werden die Müllberge immer größer. Jeder Kunde denkt doch, dass er umweltbewusst handelt, wenn er Produkte mit dem Grünen Punkt kauft. Aber nur, weil einige Verpackungsmaterialien wieder verwertet werden können, baut das noch lange nicht unsere Müllberge ab. Was wird denn aus der recycelten Verpackung? Plastikbänke usw. Irgendwann haben wir keinen Bedarf mehr an Plastikbänken für den Wald, weil es keinen Wald mehr gibt. Seien wir doch mal ehrlich, wir müssen den Verpackungsmüll reduzieren – aber wie?

Handlungsorientierte Arbeitshefte für den Einzelhandel — Ambiente GmbH — Fallsituation 11

*Herr Müller:* Prinzipiell haben wir, d. h. der Handel, eine gewisse Lenkungsfunktion. Wir haben es doch in der Hand, nur noch solche Produkte in unser Sortiment aufzunehmen, die weitgehend verpackungsfrei angeboten werden können. Schließlich muss ja dann die Industrie auch darauf reagieren und versuchen ihre Produkte dem Handel möglichst verpackungsarm oder sogar verpackungsfrei anzubieten.

*Frau Knobbe:* Dann sollten wir uns doch mal überlegen, inwieweit wir jetzt unser Sortiment weitgehend verpackungsfrei gestalten können.

*Herr Müller:* Die größte Verpackungsflut kommt doch aus unserer Lebensmittelabteilung. Vielleicht sollten wir einmal dort ansetzen und eine weitgehend verpackungsfreie Abteilung aufbauen.

*Frau Knobbe:* Das wird aber nicht einfach, denn wir dürfen ja nicht vergessen, dass verschiedene Verpackungen bestimmte Funktionen übernehmen. Denken Sie einmal an den Transport der Ware. Wie würde denn die Ware ohne ordnungsgemäße Verpackung bei uns ankommen und wie sollten unsere Kunden die Produkte nach Hause transportieren? Auch die Stapelei im Lager und im Verkaufsraum wäre ohne richtige Verpackung nicht so einfach. Die Kunden würden ohne die Informationen auf der Verpackung auch gar nicht wissen, was alles in dem Produkt steckt. Diese und viele weitere Funktionen, die die Verpackungen erfüllen, müssen bei unseren Überlegungen unsere Artikel weitgehend verpackungsfrei anzubieten, berücksichtigt werden.

*Herr Müller:* Sie haben Recht. Wir dürfen nur nichts übereilen. Ich denke, wir sollten eine Abteilungsleiterkonferenz einberufen und an dieses Problem mit Unterstützung einer Zukunftswerkstatt herangehen. Hierzu möchte ich aber vorher einiges Informationsmaterial sammeln, damit wir nicht ganz unvorbereitet an die Verpackungsproblematik herangehen.

### Arbeitsauftrag:

1. Organisieren Sie Informationsmaterial zum „Grünen Punkt" und zum „Dualen System". Informationen darüber erhalten Sie beim HBV, beim BUND, bei Greenpeace und direkt beim Umweltministerium.
2. Bringen Sie verschiedene Verpackungen von zu Hause mit in den Unterricht.
3. Führen Sie mit Ihrer Klasse zusammen eine Zukunftswerkstatt durch (⇨ *Zukunftswerkstatt* [37]).

Kurze Zeit später findet die Zukunftswerkstatt in den Sitzungsräumen der Geschäftsführung von Ambiente statt. Dort erklärt Herr Müller seinen Abteilungsleitern das Vorgehen einer Zukunftswerkstatt und stellt ihnen dann das zu behandelnde Problem dar.

### Durchführung einer Zukunftswerkstatt:

Wie eine ordnungsgemäße Zukunftswerkstatt auszusehen hat, entnehmen Sie bitte den Ausführungen im Methodenheft.

Aus zeitlichen und organisatorischen Gründen soll an dieser Stelle eine verkürzte Zukunftswerkstatt durchgeführt werden.

**Fallsituation 11** Marketing — Ambiente GmbH

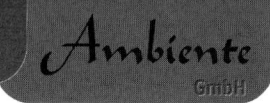

◆ **Ergebnisse der Zukunftswerkstatt**

| Vorschlag | mögliche Realisierung | Probleme bei der Realisierung | Funktionen der Verpackung |
|---|---|---|---|
|  |  |  |  |
|  |  |  |  |
|  |  |  |  |
|  |  |  |  |
|  |  |  |  |

**Handlungsorientierte Arbeitshefte für den Einzelhandel** — Marketing — Fallsituation 11

*Herr Müller*: Das die Verpackung aufgrund der Übernahme bestimmter Funktionen von Bedeutung ist, ist uns allen mittlerweile klar geworden. Dennoch sollten wir die genauen Aufgaben der verschiedenen Verpackungen noch einmal herausstellen und systematisieren. Es gibt ja die verschiedensten Arten der Verpackung, die Transportverpackung, die Umverpackung und die Verkaufsverpackung.

**Arbeitsauftrag:**

1. Lösen Sie die folgenden Aufgaben in Gruppenarbeit.
2. Definieren Sie die einzelnen Verpackungsarten und grenzen Sie diese voneinander ab. Nennen Sie in diesem Zusammenhang auch konkrete Beispiele.
3. Welche einzelnen Aufgaben bzw. Funktionen übernimmt die Verpackung
   - aus Sicht der Verbraucher?
   - aus Sicht der Einzelhändler?
4. Nutzen Sie für die Lösung der Aufgabe die mitgebrachten Verpackungen. Nehmen Sie ebenfalls Ihr Arbeitsbuch zur Hilfe.
5. Die Definitionen der Verpackungsarten sowie die Funktionen der Verpackung sollten anschließend im Plenum gesammelt und z. B. an der Tafel festgehalten werden.
   Eine Diskussion sollte diese Phase abrunden.

◆ **Transportverpackung:**

◆ **Umverpackung:**

## Fallsituation 11 — Marketing

◆ **Verkaufsverpackung:**

◆ **Aufgaben der Verpackung**

| aus Sicht des Verbrauchers: | aus Sicht des Einzelhändlers: |
|---|---|
|   |   |

*Herr Müller:* Nun ist auch klar, warum wir nicht ganz auf die Verpackungen verzichten können. Um dennoch einen Beitrag zum Umweltschutz zu leisten, wurde von den Verantwortlichen vor längerer Zeit das Duale System in Deutschland eingeführt.

**Arbeitsauftrag:**

1. Erstellen Sie ein kurzes Referat über das Duale System unter Berücksichtigung folgender Punkte:
   - Was bedeutet der Grüne Punkt?
   - Wie funktioniert das Duale System?
   - Welche Ziele sollen durch die Einführung des Dualen Systems erreicht werden?
   - Wer muss die einzelnen Verpackungsarten zurücknehmen?
   - Welche Konsequenzen entstehen dem Warenhaus Ambiente durch die Einführung des Dualen Systems?

♦ **Referat: Duales System**

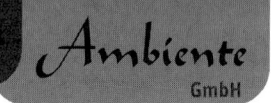

# 3 Wiederholung und Vorbereitung auf Klassenarbeiten und die Prüfung

Eine wesentliche Voraussetzung für das erfolgreiche Bestehen von Klassenarbeiten und Prüfungen ist die systematische Untersuchung, welche Anforderungen dort gestellt werden können. Es ist also vor einer Prüfungssituation ratsam, festzustellen, welche Lerninhalte abgefragt werden könnten.

Zur Wiederholung haben Sie hier die Gelegenheit Folgendes durchzuführen:

- Kreuzworträtsel Marketing
- Erstellen eines Mind-Maps
- Sammlung von Fragen zum Thema Marketing und Gestaltung einer möglichen Klassenarbeit

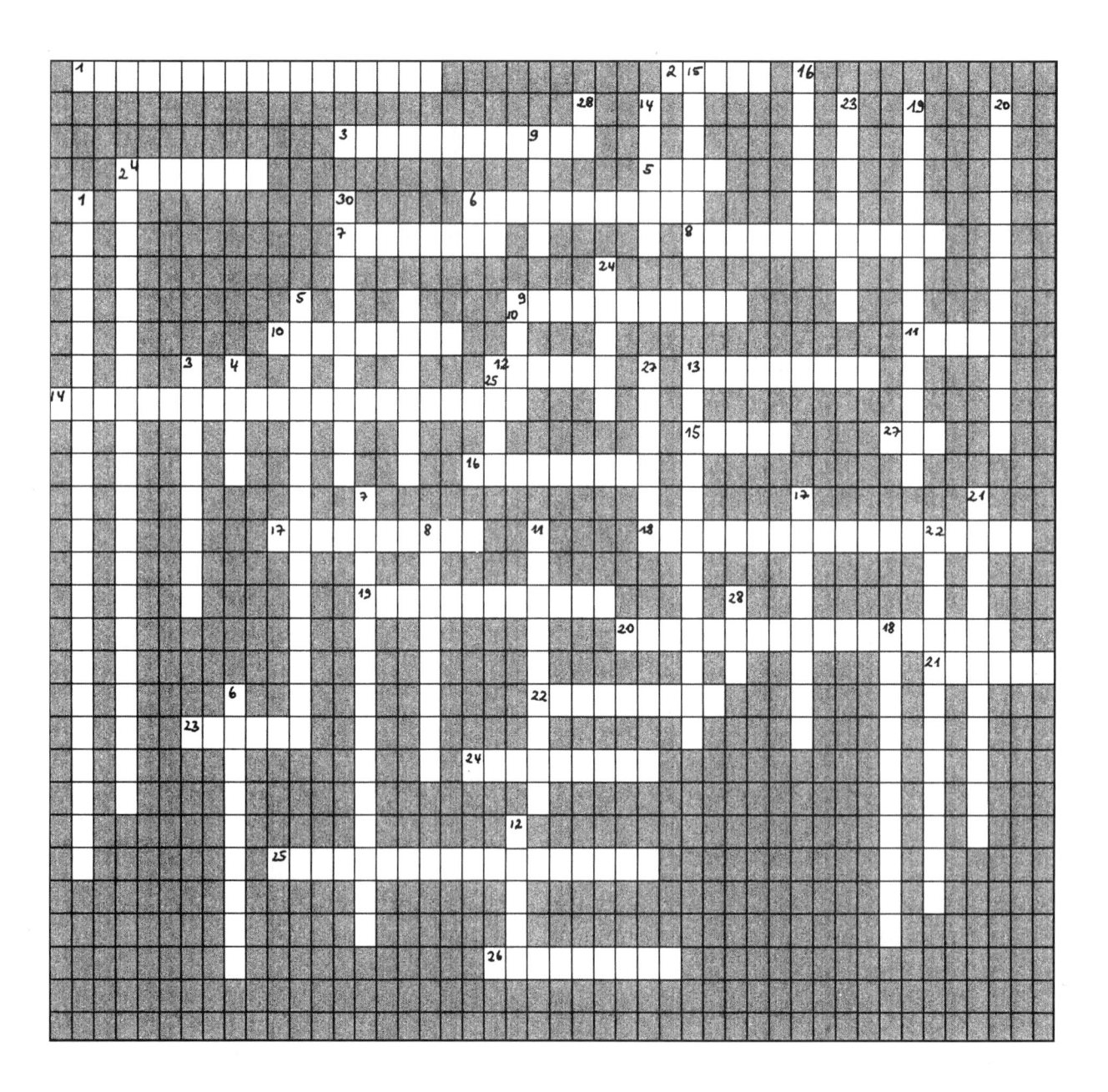

# Kreuzworträtsel Marketing

## waagrecht:

1. Eine beliebte verkaufsfördernde Maßnahme, die die Absatzbemühungen des Einzelhändlers unterstützen.
2. Er/Sie sollte immer der König/die Königin sein.
3. Werbemittel innerhalb des Einzelhandelsbetriebes, das immer ansprechend ausgestaltet sein sollte.
4. Das ....... wird beworben.
5. Steht zur Verfügung, um Werbemaßnahmen zu finanzieren.
6. Reichweite für Werbemaßnahmen (Wo soll geworben werden?)
7. Name des Warenhauses in Schönstadt.
8. Erweiterung des Grundnutzens
9. Diese versucht man durch richtige Maßnahmen im Einzelhandelsgeschäft zu halten.
10. Betriebsform mit breitem und unterschiedlich tiefem Sortiment.
11. Aufbau eines positiven Gesamtbildes.
12. Sollte der Kunde immer sein.
13. Neuer Trend bei der Sortimentspolitik. Der Aufbau einer ...
14. Maßnahmen von Ambiente, um das Ansehen in der Öffentlichkeit zu pflegen oder zu verbessern.
15. Ein Werbeträger
16. Gesamtheit der angebotenen Waren und Dienstleistungen von Ambiente.
17. Hilft bei der Durchführung einer persönlichen Befragung
18. Bruttoverkaufspreis minus Mehrwertsteuer
19. Überbegriff für Warenhaus, Kaufhaus, Discounter, Fachgeschäft ...
20. Gehen seit neuestem von Mo. – Fr. 20:00 bis 6:00 Uhr, Sa. 16:00 – Mo. 6:00 Uhr.
21. Abkürzung für Sonderveranstaltung im Sommer.
22. Wird häufig von Fachleuten geschrieben, wenn über etwas informiert werden soll.
23. Sollte der Kunde/die Kundin immer sein.
24. Werbeträger, der für den Einzelhändler z. T. zu teuer und unzweckmäßig ist.
25. Maßnahmen der Einzelhändler, die ihre Absatzbemühungen unterstützen, aber über die eigentliche Absatzwerbung hinausgehen, da sie preispolitische und servicepolitische Elemente beinhalten.

## senkrecht:

1. Maßnahme im Rahmen der Sortimentsveränderung.
2. Die gleiche Ware oder Dienstleistung wird an verschiedenen Orten zu unterschiedlichen Preisen angeboten.
3. Anderer Begriff für die Lage eines Unternehmens.
4. Abkürzung für die vier Stufen der Werbung; auch Oper von Verdi.
5. Wird zur Beschaffung verschiedener Marktinformationen durchgeführt.
6. Ein Thema, das in der heutigen Zeit zusehens an Bedeutung gewinnt.
7. Jedes Werbemittel beinhaltet eine individuelle ...
8. Warenabhängige Kundendienstleistung.
9. Sortiment des Warenhauses: breit und unterschiedlich ...
10. Werbeträger: Fernsehen; Werbemittel ...
11. Maßnahmen im Rahmen der Primärerhebung
12. Das Warenhaus befindet sich derzeit in einer ...
13. Transportmittel der Werbemittel
14. Kunden achten beim Kauf der Waren besonders darauf.
15. Er steigt, je mehr das Warenhaus verkauft.
16. Er steigt, je mehr das Warenhaus verkauft.
17. Sie sorgen dafür, dass der Umsatz und der Gewinn im Warenhaus rückläufig sind und marketingpolitische Maßnahmen notwendig werden.
18. Wer soll durch die Werbung angesprochen werden?
19. Nebenleistungen eines Einzelhandelsbetriebes, die er zusätzlich zu seiner Hauptleistung, den Verkauf von Waren erbringt.
20. Warenunabhängige Kundendienstleistung
21. Der Einzelhandel nutzt sie, um die Umworbenen zu erreichen.
22. Ein wichtiges marketingpolitisches Instrument.
23. Sie ist notwendig, um die Konsumenten zu informieren und ggf. zu beeinflussen.
24. Aufbau eines positiven Gesamtbildes.
25. Werbeträger – Die Werbespots sind dort immer besonders gut.
26. Nachlässe von einheitlich festgelegten Bruttopreisen.
27. Der Einzelhändler versucht sie zu senken. Sind sie zu hoch, fällt der Gewinn geringer aus.
28. Abkürzung für Sonderveranstaltung im Winter.
29. Engl. Abkürzung für Öffentlichkeitsarbeit.
30. Sämtliche Maßnahmen, die darauf abzielen, den Absatz zu fördern (engl.: auf den Markt bringen).

**Arbeitsaufträge:**

1. Erstellen Sie ein Mind-Map über den gesamten Themenbereich Marketing (⇨ *Mind-Map* [35]).
2. Stellen Sie sich vor, dass Sie demnächst eine Klassenarbeit im Lerngebiet „Marketing" schreiben.

   Gehen Sie Ihre Aufzeichnungen und Informationsquellen durch. Formulieren Sie dann Fragen, die eine Klassenarbeit enthalten könnte.
3. Überprüfen Sie, ob Sie jede Frage ausreichend beantworten können.
4. Ihnen wird von Ihrem Lehrer/Ihrer Lehrerin ein kompletter Fragenkatalog zum Bereich Marketing zur Verfügung gestellt.
5. Ermitteln Sie, welche Bereiche Ihr „Klassenarbeitsentwurf" nicht abgedeckt hat.

◆ **Mind-Map Marketing:**

( Marketing )

♦ **Mögliche Fragen für eine Klassenarbeit:**

# 4 Programmierter Test

1. **Wie wird die Gesamtheit aller absatzfördernden Maßnahmen in der Ambiente Warenhaus GmbH bezeichnet?**

   1. Verkaufsförderung
   2. Marktanalyse
   3. Marktbearbeitung
   4. Marketing
   5. Publicrelations (Öffentlichkeitsarbeit) [ ]

2. **Der Vorstand der Ambiente Warenhaus GmbH gibt der Marketingabteilung den Auftrag eine Standortanalyse zu erstellen.**

   *Was ist das?*
   1. Die Untersuchung der Verkäufe an besonderen Tischen in den Verkaufsräumen.
   2. Der Vergleich der Umsatzzahlen mehrerer Jahre.
   3. Die Untersuchung der Marktchancen für ein Absatzgebiet.
   4. Der Vergleich der Sortimente mehrerer Geschäfte unterschiedlicher Branchen.
   5. Die amtliche Genehmigung zur Geschäftseröffnung. [ ]

3. **Die Marketingabteilung der Ambiente Warenhaus GmbH versucht Informationen über Käufergewohnheiten und deren Veränderungen zu gewinnen. Wie wird diese Art der Informationsgewinnung genannt?**

1. Absatzplanung
2. Imageberatung
3. Umsatzkontrolle
4. Marktforschung
5. Publicrelations [ ]

4. **Ordnen Sie zu, indem Sie die eingerahmten Kennziffern von 3 der insgesamt 7 Begriffe aus der Marktforschung und Werbung in die Kästchen bei den Erläuterungen eintragen.**

*Begriffe:*

1. Marktanalyse
2. Sortimentsgestaltung
3. Werbung
4. Meinungsforschung
5. Marktbeobachtung
6. Publicrelations
7. Salespromotion

*Erläuterungen:*

Bezeichnet alle Bemühungen eines Unternehmens Vertrauen in der Öffentlichkeit zu erwerben und zu erhalten. [ ]

Untersucht den Markt zu einem bestimmten Zeitpunkt und ergibt ein Bild der Marktlage in einem Augenblick. [ ]

Stellt Abläufe und Veränderungen des Marktgeschehens fest. Sie ist die „laufende Buchführung des Marktes". [ ]

5. **Die Ambiente Warenhaus GmbH möchte ihr Sortiment in verschiedenen Abteilungen bereinigen. Welche Artikel wird sie im Hinblick auf eine Sortimentsoptimierung herausnehmen?**

1. Artikel, die gerade neu in das Sortiment aufgenommen wurden.
2. Artikel, die der Sortimentsabrundung dienen und eine hohe Gewinnspanne haben.
3.. Artikel, die im Sortiment einen großen Raum einnehmen und von den Kunden kaum gefragt sind.
4. Artikel, die optimal in der Gunst der Verbraucher liegen, aber nur eine geringe Gewinnspanne haben.
5. Artikel, die stark gefragt sind, aber eine längere Lieferzeit haben. [ ]

6. **In welchem Fall sollte die Ambiente Warenhaus GmbH ihr Sortiment ändern?**

1. Aufgrund verstärkter Werbung des Produzenten ist die Nachfrage nach zwei Artikeln des Sortiments gestiegen.
2. Obwohl ein Artikel eines Sortiments nicht mehr ganz dem aktuellen Modetrend entspricht, wird er von Stammkunden oft verlangt.
3. Die Lagerumschlagshäufigkeit eines Artikels ist sehr hoch.
4. Stammkunden fragen in letzter Zeit häufig nach einem Artikel, den das Warenhaus nicht im Sortiment führt.
5. Stammkunden fragen nach Artikeln, die vorübergehend im Sortiment fehlen. [ ]

7. **Die Kaufkraft der Kunden ist durch zunehmende Arbeitslosigkeit gesunken. Wie wird sich die Ambiente Warenhaus GmbH auf die veränderte Situation seines Kundenstammes richtig einstellen?**

1. Sie räumt ihren Kunden langfristig Kredite ein, um ihr Nachfrageverhalten dem Warenangebot anzupassen.
2. Sie versucht durch die Strategie des „trading up" neue Käuferschichten zu erschließen.
3. Sie verlängert die durchschnittliche Lagerdauer der Artikel durch veränderte Einkaufs- und Beschaffungspolitik.
4. Sie passt ihr Sortiment in Breite und Tiefe dem veränderten Nachfrageverhalten der Käufer an.
5. Sie lässt das Sortiment unverändert und erhöht den Einsatz anderer Marketingmaßnahmen [ ]

8. **Die Textilabteilung der Ambiente Warenhaus GmbH hat jeden einzelnen Textilartikel in sehr vielen unterschiedlichen Qualitäten, Farben und Größen vorrätig.**

*Wie lässt sich dieser Sortimentsaufbau beschreiben?*
1. Es handelt sich um ein flaches Sortiment.
2. Es handelt sich um ein schmales Sortiment.
3. Es handelt sich um ein breites Sortiment.
4. Es handelt sich um ein tiefes Sortiment.
5. Es handelt sich um ein enges Sortiment. [ ]

9. **Was ist unter einem Kernsortiment zu verstehen?**

1. Zusatzsortiment mit Waren weniger Bedarfsgebiete
2. Vollsortiment mit Waren mehrerer Bedarfsgebiete
3. Sortiment mit ständiger Verkaufsbereitschaft für einen bestimmten Teil der Warengruppen
4. Sortiment mit ständiger Verkaufsbereitschaft für zusätzliche Warengruppen
5. Sortiment mit ständiger Verkaufsbereitschaft für alle Warengruppen [ ]

10. **Welcher Faktor hat keinen Einfluss auf die Sortimentstiefe der Ambiente Warenhaus GmbH?**

1. Die Zahl der Mitarbeiter
2. Das Sortiment der Mitbewerber Kaufstadt und Klever Kauf
3. Der Standort
4. Die Kundenstruktur
5. Die Verkaufsform [ ]

11. **Die Ambiente Warenhaus GmbH rechnet für eine Warengruppe mit einem Kalkulationsfaktor von 2. Welche Handelsspanne (ohne 15 % Mehrwertsteuer) entspricht diesem Kalkulationsfaktor?** [ ]

12. **Der Nettoverkaufspreis einer Ware beträgt 1.200 DM. Die Handelsspanne (ohne 15 % Umsatzsteuer) wird mit 25 % kalkuliert. Wie viel DM beträgt der Bezugspreis?** [ ]

13. **Der Mitbewerber Klever Kauf verkauft einen Artikel zu 90 DM, den der Hersteller zu einem Bezugspreis von 55 DM anbietet (Umsatzsteuersatz 15 %). Mit welchem Kalkulationsfaktor rechnet Klever Kauf?** [ ]

**14. Wozu dient eine Umsatzstatistik?**

1. Sie dient als Grundlage für den geplanten wertmäßigen Verkauf der nächsten Periode.
2. Sie zeigt auf, welcher Gewinn tatsächlich erzielt wurde.
3. Sie hält fest, welche Werbemaßnahmen besonderen Erfolg hatten.
4. Sie dient im Rechnungswesen zur Ermittlung der Umsatzsteuerzahllast.
5. Sie ist Grundlage für den geplanten mengenmäßigen Verkauf der nächsten Periode. [ ]

**15. Wie nennt man die Preise, mit denen Konsumartikel bereits vom Hersteller ausgezeichnet sind?**

1. Verbindliche Richtpreise
2. Nettoverkaufspreise
3. Kalkulierte Verkaufspreise
4. Festpreise
5. Empfohlene Richtpreise
6. Fixpreise [ ]

**16. Welche Maßnahme gehört zu den „Publicrelations"?**

1. Ausnutzung der Herstellerwerbung für die eigenen Geschäftszwecke der Ambiente Warenhaus GmbH
2. Einladung der Filiale Hildesheim zum Tag der offenen Tür
3. Gemeinschaftliche Produktwerbung mit anderen Firmen
4. Bedarfsweckung für neue Artikel
5. Beobachtung des Kundenverhaltens [ ]

**17. In welchem Fall handelt es sich um eine Publicrelationsmaßnahme der Ambiente Warenhaus GmbH.**

1. Das Warenhaus gibt beim Warenverkauf Zugaben.
2. Das Warenhaus verschickt Mailings (Werbebriefe) an ehemalige Käufer.
3. Das Warenhaus stiftet für die örtliche Berufsschule einen EDV-Raum mit Internetanschluss.
4. Das Warenhaus wirbt in einem örtlichen Anzeigenblatt für einen neuen Artikel.
5. Eine bekannte Brauerei richtet in der Lebensmittelabteilung einen Verkaufsstand ein und verkauft Bier zum Sonderpreis. [ ]

**18. Welche Aussage trifft für eine optimale Abwicklung einer verkaufsfördernden Maßnahme zu?**

1. Der Vorstand gestaltet mit seinen Assistenten allein die verkaufsfördernden Maßnahmen.
2. Die Marketingabteilung wickelt ohne ausreichende Informationen durch den Vorstand die Gestaltung der verkaufsfördernden Warendarstellung allein ab.
3. Alle Beschäftigten sind über Ziele, Aufbauten, Werbung, Produkte und Preise umfassend informiert und in die Maßnahme einbezogen.
4. Die Produktinformation für die Käufer ist Sache des Herstellers. Wichtig ist allein, dass die Mitarbeiter wissen, um wie viel billiger während einer Aktion die Ware verkauft wird.
5. Verkaufsfördernde Maßnahmen werden nur von Marketingfachleuten des Einzelhandels kontrolliert. [ ]

**19. Ein Hersteller führt Verkaufsschulungen für Mitarbeiter der Ambiente Warenhaus GmbH durch. Um welche Maßnahmen handelt es sich?**

1. Um Marktbeobachtung
2. Um Salespromotion
3. Um Produktwerbung
4. Um Publicrelation
5. Um Sortimentsgestaltung
6. Marketingmix [ ]

**20. Die Haushaltswarenabteilung der Ambiente Warenhaus GmbH wirbt im Schaufenster: „Hier finden Hausmänner und -frauen alles für den Haushalt!"**

*Welche Art der Werbung liegt vor?*

1. Gemeinschaftswerbung
2. Produktwerbung
3. Sortimentswerbung
4. Sammelwerbung
5. Firmenwerbung [ ]

**21. Die Lebensmittelabteilung veranstaltet eine „Italienische Woche", verkauft italienische Delikatessen zu sehr günstigen Preisen.**

*Welche Aussage ist richtig?*

1. Diese Aktion ist ein genehmigungspflichtiger Sonderverkauf.
2. Die Industrie- und Handelskammer muss ihre Erlaubnis geben.
3. Eine solche Aktion ist nicht erlaubt, weil ausländische Lebensmittel nicht für Sonderverkäufe zugelassen sind.
4. Es handelt sich um eine Werbeaktion, die nicht genehmigungspflichtig ist.
5. Eine solche Aktion ist nur erlaubt, wenn sich mehrere Einzelhändler am Ort beteiligen. [ ]

**22. Welche Kennzahl wird zur Kontrolle des Werbeerfolgs verwendet?**

1. Umsatzzuwachs/Werbekosten
2. Werbekosten/Gesamtkosten
3. Umsatzzuwachs/Durchschnittlicher Umsatz
4. Werbekosten/Umsatz
5. Umsatzzuwachs/Gesamtkapital
6. Umsatzzuwachs+Lagerumschlagsgeschwindigkeit/Gesamtkosten [ ]

**23. Welches Werbemedium ermöglicht der Filiale Hildesheim der Ambiente Warenhaus GmbH die breiteste Streuung?**

1. Das Schaufenster
2. Die öffentlichen Verkehrsmittel
3. Die Fachzeitschrift „Heimwerker heute und morgen"
4. Die Tageszeitung
5. Die Kinowerbung im „cinema"
6. Fernsehspot im Privatfernsehen [ ]

**24. Unter welchem Begriff werden z. B. Zeitungsanzeigen, Werbespots im Radio bzw. Fernsehen, Plakate an Plakatwänden bzw. Liftfaßsäulen zusammengefasst?**

1. Verkaufsförderungsmittel
2. Werbemittel
3. Werbemaßnahmen
4. Werbeträger
5. Werbeelemente
6. Werbespots [ ]

**25. Die Marketingsabteilung präsentiert dem Vorstand eine Aufstellung, die den Einsatz der Werbemittel, Werbeträger und Werbekosten für einen bestimmten Zeitraum festlegt**

1. Publicrelations
2. Werbeerfolgskontrolle
3. Werbeplan
4. Marktanalyse
5. Marketing [ ]

Marketing

Ambiente GmbH